保育
わかば
BOOKS

遊びに
つなぐ！

場面から読み取る
子どもの発達

監修 社会福祉法人
日本保育協会

著 増田修治

JN204385

Support

中央法規

監修のことば

　核家族化の進展、地域のつながりの希薄化、共働き家庭の増加、兄弟姉妹の数の減少など子育て家庭や子どもの育ちをめぐる環境が大きく変化したことを背景に、平成 27 年 4 月に「子ども・子育て支援新制度」が施行され、平成 29 年には保育所保育指針や幼保連携型認定こども園教育・保育要領が改正されました。

　こうした中、新たに保育の現場に立つこととなった皆様に対する保育現場からの期待は大きなものがあります。一方で、これから現場に立たれる保育者の皆様は、様々な不安や戸惑いを感じることもあるのではないかと推察いたします。

　この「保育わかば BOOKS」第 2 弾では、保育現場に立たれて間もない新任の保育者や、キャリアにブランクのある保育者のために、日常の保育に求められる実践力や専門性の基礎をわかりやすく解説した実務書シリーズとして企画されました。

　本シリーズは、「保育を活性化するすきま時間を活用した遊び」「クラス運営に役立つ基本・応用スキル」「保護者とのコミュニケーション」「子どもの食を支える基本」「子どもの発達をとらえた保育実践」をテーマとして発刊することとなりました。

　皆様が本シリーズを活用し、今後さらに求められる保育の実践力や専門性を培われ、ますますご活躍されることを心より期待しています。

社会福祉法人　日本保育協会

はじめに

　近年、乳幼児教育が子どものその後の人生に大きな影響を与えることが明らかになってきました。とくに、ユネスコ、OECDなどの国際組織が「就学前教育の重要性と公費投入の必要性」「保育の質の向上が人間の生涯発達や格差克服に重要な影響を及ぼす」という議論を提唱したことから、世界的に乳幼児教育の質をどう高めるかが、大きな問題になってきています。

　「質の高い保育」とは、具体的にはどのようなものでしょうか。現状では、それがあいまいな気がしています。私は「質の高い保育」の特徴として、「その保育内容が確かな効果をもたらすことが検証されていること」「科学的視点や統計学などの視点から、子どもが明らかに変化・発展していくことが明確であること」「スポーツ科学の新しい知見をもとに、子どもの発達をもう一度とらえ直し、子どもの身体的発達が促されること」などがあげられると思っています。

　近年の「脳科学」や「スポーツ科学」などの発展は、目を見張るものがあります。運動においては、「スポーツ科学」の理論を抜きにしては結果を残すことが難しくなっている状況です。そうした新しい知見が保育の現場のなかに入ってくることは、必然であると同時に、そうした知見をもとに子どもの発達を考えなくては、「質の高い保育」を実現することは困難になっていくでしょう。

　そのことがよくわかるように、序章に「子どもの発達の瞬間を見逃さない」という例を出しました。ここを読んでいただければ、すべり台の階段をのぼるとい

う動作を一つとっても、そこに発達の芽を見つけ出すことができるのだということがわかっていただけるでしょう。保育者が何気なく見ている子どもの姿のなかに、たくさんの発達の芽があることに気づくだけで、保育が豊かになるはずです。

　この本は、「体幹」「感覚統合」「言語能力」「非認知能力」の4つを柱にして、理論と実践を統合しました。とくに、ここ最近注目されている「非認知能力」を育むことに重点を置いています。

　子どもの発達は、待っているだけではダメなのです。発達していくためのしかけをどうつくっていくかという視点も必要です。この本を参考に、子どもがもっともっと発達していくしかけを考えてみてほしいと思います。

　一方で、そのときの子どもの発達の様子を無視しても、うまくいくはずがありません。子どもの発達の差をていねいに埋めながら、どの子も豊かな発達をしてほしいと思っています。それを私は「オーダーメイド保育」と言っています。

　科学的な視点からの働きかけやしかけ、どの子も大切にする「オーダーメイド保育」。これらを頭の隅において、本を読んでみてください。必ずや、豊かで質の高い保育を実現することができるはずですし、その参考になるはずです。

　みなさんの保育が、豊かになるお手伝いができたなら幸いです。一緒にやっていきましょう。

　　　　　　　　　　　　　　　　　　　　　　　　　　　　増田修治

第2章　子どもの発達を促す保育実践

本書の特長と使い方

特長

- 序章では、「子どもの発達をとらえた保育」とは具体的にどのようなことかを解説するとともに、その重要性をまとめています。
- 第1章では、日常の保育や様々な活動の場面の子どもの姿からの発達の読み取りと、それぞれの発達に応じた保育のあり方を紹介しています。
- 第2章では、子どもの発達を促す活動のアイデアを紹介しています。

使い方

保育の一場面におけるそれぞれの子どもの反応や言動の違いを観察します。

それぞれの子どもの発達段階について解説します。

観察すべき視点を紹介します。そこから子どもの発達が読み取れます。

それぞれの子どもの発達段階に応じた支援のあり方を紹介します。

序章

子どもの姿から
発達をとらえる

「発達をとらえる」とよく言われますが、それはどのようなことを意味するのでしょうか。なにをもって「発達した」と言えるのでしょうか。本章では、「発達をとらえる」ことを具体的に示します。
また、「発達をとらえる」ことがなぜ大切か、その結果、子どものどんな力を育てたいか、「発達をとらえた保育」の重要性を伝えます。

子どもの発達の瞬間を見逃さない

　保育者には常に「発達をとらえた保育」の実践が求められています。しかし、子どもは同じ月齢・年齢であっても、同じ発達段階にいるわけではありません。一人ひとり異なる子どもの心や身体の発達は、子どもの行動や身体の使い方、言葉や表情などの姿からとらえることができます。

　目で見てわかりやすいので、ここでは身体の発達を例にして説明します。

　次の写真は、1歳児クラスの子どもがすべり台の階段をのぼっているところです。

[A のとき]

足のつま先が下がっている

[B のとき]

足のつま先が上がっている

　実際は写真ではなく、ビデオに撮った動画です。それを保育者と私と一緒に見ながら、「この子、この階段をのぼっているときに大きく成長していく瞬間があったよ。どこだと思う？」と聞いてみました。すると、「手の使い方が上手になった」とか「片手で手すり持つようになった」などという意見が出ました。私は、そうした意見を聞いた後、「そうだね。でも、もう一つ大切なポイントがあるよ。足の動きをよく見てごらん」と言って、再度動画を流してもらいました。

　Aのときは、足のつま先が下がっています。しかし、Bのときにはつま先が上がっています。よく見ないとわからないような小さな変化です。しかし、つま先を上げるためには、足関節を反らす働きがある「前脛骨筋」に命令がいかなくてはならないのです。

　右の図は、その足の筋肉の様子です。Aのときにはこの「前脛骨筋」に命令がいかなかったのが、Bのときには命令がいき、つま先が上がるように自分で調整できるようになったということです。これは、大きな変化であり、成長です。このように大きく発達する瞬間が、どの子にもあります。もちろん心の発達についても同様です。そうした瞬間を見逃さない力が保育者に求められているのです。

　保育者は、保育のスペシャリスト（特定分野に深い知識や優れた技術をもつ専門家）であると同時に、ゼネラリスト（分野を限定しない広範囲な知識・技術・経験をもつ人）でなくてはなりません。

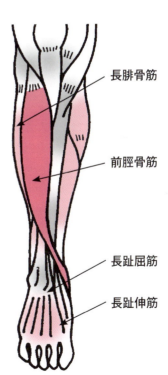

長腓骨筋

前脛骨筋

長趾屈筋

長趾伸筋

子どもの成長を4つの側面からとらえる

　平成29年に同時改正された3法令（幼稚園教育要領、保育所保育指針、幼保連携型認定こども園教育・保育要領）で、就学前までに育ってほしい具体的な姿として「幼児期の終わりまでに育ってほしい姿」が示されました。本書では、それら10の姿を「体幹」「感覚統合」「言語能力」そして「非認知能力」の4つの側面に整理しました。例えば、10の姿のうち「健康な心と体」は「体幹」や「感覚」と、「言葉による伝え合い」や「数量と文字」「感性と表現」は「言語能力」や「感覚」と、「自立心」や「協同性」は「非認知能力」と密接な関係があるのです。

体幹

　子どもの姿を見てください。すぐに疲れたり、壁にもたれかかったり、背中がグニャグニャしてきちんと座れなかったりしていないでしょうか。

　それは、体幹が鍛えられていないからです。座れる身体にするためには、体幹を鍛えることが大切です。保育のなかに体幹を鍛える動きを取り入れ、姿勢維持に必要なインナーマッスルを強化することで、きちんと座れる子どもになります。また、体幹がしっかりと鍛えられると徐々に身体の末端まで意識が向くようになり、様々な運動能力も発達します。さらに、集中力もアップします。小学校から、幼稚園や保育園に対して「（入学までに）15分間くらいは座れるようにしてください」という要望が出されると聞きます。それを受けて、「なんとか卒園までに座れるようにしよう」と、園でストップウォッチを使って座る練習をさせているのを見たことがあります。しかし、これはまったく意味がありません。まずは座れる身体にすることが大切です。

感覚統合

「感覚統合」とは聞き慣れない言葉かもしれません。本書では、多くの感覚情報を必要なものと必要でないものに分けて整理したり、関連づけたりして、うまく行動できるようにするための働きを意味する言葉として用いています。この感覚情報には、次の3種類があります。

①平衡感覚（前庭覚）	●頭の傾きを感じ、身体のバランスをとる。 ●重力や加速度を感知し、身体のバランスをとる。
②固有受容覚	●関節の曲がり具合、筋肉の張り具合を調整する。 ●身体を動かすときのアクセルやブレーキになる。
③触覚	●危険を察知し、本能的に身を守る行動を起こすスイッチとなる。

これら3つの感覚情報のいずれかに難がある場合、「感覚統合」がうまくいかず、生活に支障をきたすおそれがあります。

例えば、手足をまっすぐに伸ばしたり、バランスをとることができなかったりします。

言語能力

小学校までに、いちばん身につけさせたい力です。言語能力を高めることで、何かトラブルがあったときに、力ではなく会話や言葉で解決することができます。また、言語能力はすべての教科の基礎となり、この力が低いと小学校の学びについていくことができません。

幼児期の終わりまでに語彙数を増やし、かつ、ある程度人とコミュニケーションができるように言語能力を高めておく必要があるのです。

非認知能力

　「体幹」「感覚統合」「言語能力」に加えて、最近、その必要性が大きな課題となっているのが「非認知能力」です。

　「非認知能力」とはどのようなものでしょうか。

　まず「認知能力」とは、ＩＱや学業達成など、学力テスト等で測定可能な能力のことです。それに対して「非認知能力」とは、自制心、勤勉性、外交性、協調性等客観的な測定が難しいそのほかの要素のことです。例えば、目標に向かって努力する力や最後までやり抜く力、ほかの人とうまくかかわる力などと説明されます。現在、海外を中心とした多くの研究によって、「非認知能力」の重要性が指摘されています。

　なお、注目すべきなのは、海外の先行研究で「非認知能力が認知能力を発達させる」という報告がされていたことです。ノーベル経済学賞を受賞したヘックマン（Heckman）らは、米国の長期追跡調査の分析をおこない、「非認知能力」がその後の「認知能力」の発達を促し、その逆は確認できないと結論づけています。

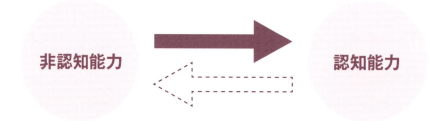

　「体幹」「感覚統合」「言語能力」「非認知能力」の４つの力を育てていくためには、まずは子どもの姿から　人ひとりの発達をとらえ、それぞれの発達段階に応じた保育をおこなっていく必要があります。本書ではそれを「オーダーメイド保育」と呼んでいます。

　子どもの発達のとらえ方、そしてそれに応じた「オーダーメイド保育」については、1章で具体的に紹介していきます。

園ごとに発達段階表をつくる

　発達のとらえ方は、園によって様々であってよいと思います。その地域性や家庭の違い、園庭・保育室環境の違いによって、子どもの姿は大きく変わってくるからです。そこでそれぞれの園ごとに、その園の子どもの発達をとらえるための発達段階表をつくることをすすめています。子どもの育ちを、「言葉」「体幹」「個と集団」など、テーマごとにまとめた表です。

　その際、子どもたち一人ひとりの発達の状況、地域の環境などをもとに、身についている力、育っている力を明確にしていくことが大切です。目標を定めたうえで、そこに至るにはどうしたらよいかを考えながら、それぞれの時期の発達をとらえていくようにします。そして、それぞれの子どもの発達に応じた「オーダーメイド保育」につなげていくのです。

　巻末で、3つの園の発達段階表を紹介しています。それらを参考に、みなさんも発達段階表をつくってみてください。

　発達段階表は一度つくったから終わりでありません。毎年、課題や実態に合わせ、変えていくべきものです。子どもの発達段階や実態に応じてたえず変えていく必要がありますし、そうした話し合いをしていくことが園全体の力量を高めていくのです。

第1章

場面からとらえる
子どもの発達

日常生活や遊びの場面などでの子どもの姿を観察することで、
子どもが今、発達段階のどの位置にいるのかがわかります。
保育のなかでよく見られる場面から、
子どもの発達を読み取ってみましょう。

0歳児①

「いない いない ばあ」

「いない いない ばあ」は、一時的な分離から再会を予想し、再会がかなうことに喜びを感じる遊びです。保育者との信頼関係がつくられてこそ、楽しく感じることができます。この遊びをしたときの子どもの反応を見てみましょう。

保育者が顔を隠したときの子どもの表情や態度から、おもに次の2点の発達を読み取ることができます。

視点
- 保育者との信頼関係が育っているか。
- 予想し、それが当たることを楽しむことができるか。

0歳児

 発達の読み取り

A 保育者が顔を隠しても気にしない姿から、保育者との信頼関係が育っておらず、「いない いない ばあ」遊びの楽しさにも気づいていないことがわかる。

B 保育者が顔を隠すと不安そうにする姿から、保育者との信頼関係は育っていることがわかる。ただし、保育者が顔を隠していなくなったように見えても、またすぐに現れるという予想はできていない。

C 「いない いない ばあ」遊びを喜ぶ姿から、2つの視点において発達していることがわかる。

❌ オーダーメイド保育

A 保育者が子どもにとって安心できる存在となれるよう、保育者と子どもとの関係をていねいに育てていく必要がある。「いない いない ばあ」をおこなう以前に、後ろから抱きしめる機会を多くもつとよい。

B 一時的にいなくなった保育者と再会できる「いない いない ばあ」遊びの楽しさに気づけるようにする。「いない いない」をしながら「あれ、先生はどこかな、どこかな…」、「ばあ」をしながら「ほうら、先生のお顔が見えた」などと言葉を添える。

C より多くの喃語や笑顔を引き出せるように、「ばあ」をしながら、あるときは大きく口や目を開けたり、あるときは舌を出したりなど、表情を変化させる。

1歳児　2歳児　3歳児　4歳児　5歳児

あそびにつなぐ➡「ゆらゆらゆりかご」（78ページ）

0歳児②

しかけ玩具

ひとつの行為がひとつの結果を引き起こすしかけ玩具遊びからは、「行為と結果の相関に関する認識」の育ちなどを読み取ることができます。ひもを引っ張ると車の絵カードが出てくるしくみの玩具で遊んでいる子どもに、保育者が「救急車はどっちかな？」と問いかけてみましょう。

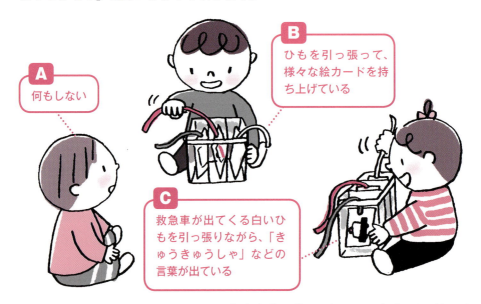

A 何もしない

B ひもを引っ張って、様々な絵カードを持ち上げている

C 救急車が出てくる白いひもを引っ張りながら、「きゅうきゅうしゃ」などの言葉が出ている

保育者の問いかけに対する行動や、色を意識せずに、あるいは意識しながらひもを引っ張っているかどうかといった子どもの姿から、おもに次の2点の発達を読み取ることができます。

視点
- ひもを引っ張ると絵カードが出てくることに気づいているか（相関関係）。
- ひもの色の違いによって出てくる絵カードが違うことに気づいているか（色の認識）。

0歳児

1歳児

2歳児

3歳児

4歳児

5歳児

🔍 発達の読み取り

A 保育者が問いかけても何もしないのは、単にこの遊びに興味がもてないだけなのか、関係を認識できずにいるのかを判断する必要がある。

B 絵カードのひもを何も考えずに引っ張っていることから、絵カードとひもの相関関係については認識しているが、色の認識はしていないことがわかる。

C 救急車の絵が出てくることを予想しながら、白いひもを引っ張る姿から、2つの視点において発達していることがわかる。

✿ オーダーメイド保育

A ひもと絵カードの関係性に自ら気づけるように、保育者は「ひもを引っ張ってみるよ」と言いながらひもを引っ張り、絵カードが出てきたら「救急車、出た〜」と喜んでみせるなど、子どもの興味をひくようなかかわりをもつ。

B 色の認識を促すために「あれ〜？　消防車だね。消防車は赤いね」「救急車は白いね。そうすると、どのひもかなあ」などと言う。

C 認識できる色の数を増やすために、青、黄、黒などいろいろな色のひもや絵カードを増やす。その際、「白い救急車」など、言葉での表現につないでいく。

あそびにつなぐ➡「だるまさん」（80ページ）

シール貼り

シール貼りは、手先の巧緻性を必要とする遊びです。シールの形や台紙によって、形の認識にもつなぐことができます。枠を設けた台紙へのシール貼りをどのように楽しんでいるかを観察してみましょう。

A ランダムにシールを貼る

B 枠の外にシールを貼る

C 枠の中にシールを貼る

シールの大きさと同じ大きさの丸い枠を意識しながらシールを貼っているかどうかなど、シールを貼る位置の選び方から、おもに次の2点の発達を読み取ることができます。

視点
- 〇という形の認識ができているか。
- 自分が貼りたい場所にシールを貼るという手先の巧緻性が育っているか。

0歳児

1歳児

2歳児

3歳児

4歳児

5歳児

🔍 発達の読み取り

A 紙面の枠を意識せずランダムにシールを貼る姿から、形に意識が向いていないことがわかる。あるいは、手先の巧緻性が不十分で意図した場所にシールが貼れていない可能性もある。

B あえて枠を避けて貼っている姿から、形の認識はできていることがわかる。枠に合わせてシールを貼らないことから、手先の巧緻性が十分に育っていない可能性もある。

C 枠に合わせて上手にシールを貼っている姿から、2つの視点において発達していることがわかる。

✿ オーダーメイド保育

A 形への興味を育てるために、白い紙に自由にシールを貼る活動を楽しく経験できるようにし、手先の巧緻性を育てていく。その際、「丸い形がいっぱいだね」などと言葉をかける。

B 枠に合わせてシールを貼る経験ができるよう、「〇の中に貼ってみよう」などと声をかける。

C 手先の巧緻性をさらに高め、新しい形への興味を育むために、〇（どこからでもはがせる）の次は□（4つの角からはがせる）、その次に△（3つの角からはがせる）と、少しずつ難易度を高くしながらシール遊びを経験できるようにする。

あそびにつなぐ➡「シール貼り」（90 ページ）

23

玩具をめぐるやりとり

子ども同士のやりとりから、自己主張をはじめとした心の育ちを読み取ることができます。この年齢でしばしば見られる玩具の取り合いの場面での子どもの姿を見てみましょう。

ほかの子が遊んでいる玩具を自分も使いたくなった子どもが、その気持ちをどのように表現しているかで、おもに次の2点の発達を読み取ることができます。

視点
- 自己主張ができるか。
- 相手の気持ちに気づくことができるか。

0歳児
1歳児
2歳児
3歳児
4歳児
5歳児

🔍 発達の読み取り

A　「貸して」と言わず、取り上げる姿から、自分の気持ちは表現できるが、取られた相手の気持ちには気づいていないことがわかる。

B　「貸して」と言えずに泣いてしまう姿から、相手の気持ちに気づいているが、自己主張はできないことがわかる。

C　「貸して」と言いながら両手を差し出している姿から、2つの視点において発達していることがわかる。

✿ オーダーメイド保育

A　「○○ちゃんが悲しい顔をしているよ」と相手の気持ちを代弁し、「こういうときは、なんていうのかな」と伝え、「貸して」という言葉を引き出す。

B　「そのおもちゃが使いたいんだね」と子どもの気持ちを代弁し、「貸して、って言ってみようか」と自己主張につなげる。

C　「貸して、って言えたね」と子どもの言動をほめ、互いに自分の気持ちを表出し、相手の気持ちを受け入れることができるように見守る。

かして

いいよ

あそびにつなぐ➡「お天気カード」（88ページ）

体幹　感覚統合　言語能力　非認知能力

リズム遊び

リズム遊びからは、音やリズムに対する感覚や表現力を読み取ることができます。大だいこを用いてリズムを聞かせ、たいこに見立てた段ボール箱を子どもが叩いたときの姿を見てみましょう。

大だいこの低くて重い音とリズムに対する子どもの反応から、おもに次の３点の発達を読み取ることができます。

視点
- たいこの音を体感できているか。
- 音を聞き、強弱やリズムを感じ取れているか。
- 感じ取った音やリズムを表現できているか。

🔍 発達の読み取り

A たいこの音に興味を示さない姿から、たいこの低くて重い原始的な音を聞き取れていないことがわかる。

B 音を聞き取ることができているが、リズムを無視して段ボール箱を叩いている姿から、音やリズムと身体の動きを結びつける感覚統合が育っていないことがわかる。

C リズミカルに段ボール箱を叩こうとしている姿から、3つの視点において発達していることがわかる。

 オーダーメイド保育

A 低くて重い原始的な音の響きを身体で感じるために、大だいこに触りながら叩く。

B 耳で聞いた音を手で表現するには感覚の統合が必要。子どもの手を持ち、リズムに合わせて一緒に段ボールを叩く。

C 音楽に対する興味・関心を広げるために、大だいこだけでなく違う楽器の音や、様々なリズムを聞く機会をつくる。

あそびにつなぐ➡「動物のまねっこ」（86 ページ）

0歳児
1歳児
2歳児
3歳児
4歳児
5歳児

体幹　感覚統合　言語能力　非認知能力

ボール遊び

転がるボールをキャッチするボール遊びからは、目からの情報と手足の動きを
整理して一致させる感覚統合の育ちを読み取ることができます。保育者が子ど
もの目の前にボールを転がしたときの子どもの動きを観察してみましょう。

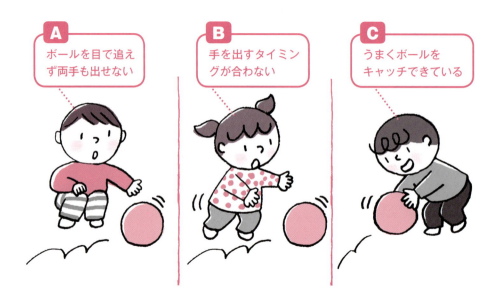

A ボールを目で追え
ず両手も出せない

B 手を出すタイミン
グが合わない

C うまくボールを
キャッチできている

ボールをキャッチする際の子どもの視線や身体の動きから、おもに次の2点の発
達を読み取ることができます。

視点
- ●ボールを目で追えているか（追跡認知）。
- ●ボールをキャッチするために必要な身体の動きが身についているか
（感覚統合）。

0歳児

1歳児

2歳児

3歳児

4歳児

5歳児

🔍 発達の読み取り

A ボールを目で追えず、キャッチするために両手を出すこともない姿から、追跡認知も感覚統合も身についていないことがわかる。

B ボールを目で追っているが、手を出すタイミングが合わずにボールをキャッチできない姿から、追跡認知はできるが、感覚統合の育ちについては不完全であることがわかる。

C 2つの視点において発達していることがわかる。

✿ オーダーメイド保育

A まずはボールを目で終えるように、距離を縮めてボールを転がし、「さあ、ボールを転がすよ」「コロコロ、転がっていくね」「○○ちゃんの足のところまで届いた」などと言葉をかける。その後、ボールを両手で押さえるようにしてキャッチすることを伝える。

B 感覚統合を育てるために距離を縮めてボールを転がし、「ほうら、つかまえて！」などと言葉をかけながら、ボールに手を出すタイミングを伝える。

C 敏捷性も高めるために、子どもの正面に転がすだけでなく、左右にも転がしてみる。

あそびにつなぐ➡「ボール的当て」（82ページ）

保育者のまね

大人のまねをする行為から、子どもの心の発達を読み取ることができます。日常のなかでの子どもの姿を観察してみましょう。

A 小さい子の世話をしている

B 泣いている子をなぐさめている

C 保育者の手伝いをしようとしている

大人のまねをするという行為から、次のような子どもの心の発達を読み取ることができます。

 視点

● 成長した自分を感じているか。
● 自分の力に自信がもてているか。

🔍 発達の読み取り

A 小さい子の世話をすることで、お兄さんお姉さんになった気分を味わっていることが推測される。

B 保育者から自分がしてもらってうれしかったことを友だちに対しおこなうことで、相手が喜んでいると確信し、自分に自信をもっていることが推測される。

C 保育者の手伝いをしたがる姿から、子どもがより成長し、自分の力を生かす機会をもちたがっていることが推測される。

❁ オーダーメイド保育

A 自己肯定感につなげていくために「大きくなったね」「こんなこともできるんだね」と子どもの成長を認める。

B さらに自信をもたせるために、「やさしいね」「○○ちゃんがうれしそうな顔をしているよ」と子どもの気持ちをくみ取る言葉をかける。また、保育者自身も子どもにまねをされることを想定し、自分の行動に配慮する。

C 子どもの自尊心を高めるために、「手伝ってくれて助かったよ」などと言葉に出して感謝する。

ありがとう

0歳児
1歳児
2歳児
3歳児
4歳児
5歳児

2歳児①

走る

「走る」という動作には、様々な筋肉の動きやそれらの感覚を統合する力などが必要となります。園庭を走りまわりながら遊んでいる子どもの姿から、身体の発達が読み取れます。

A 足がもつれて転んでいる

B 障害物に気づかずぶつかっている

C 気持ちよく園庭を走っている

「走る」という身体の動きから、おもに次の3点の発達を読み取ることができます。

視点

● まっすぐに歩いたり、走ったりするために必要な身体の軸ができているか（体幹）。

● 視線の先だけでなく、まわりを見渡す力が育っているか（周辺視）。

● 危険を察知して身体をかわす動きがとれるか（感覚統合）。

🔍 発達の読み取り

A 足の動きがおぼつかず転んでいる姿から、3つの視点における発達はまだみられないことがわかる。

B 走りまわれているが障害物とぶつかってしまう姿から、体幹は育っているが周辺視や感覚統合は育っていないことがわかる。

C 障害物をたくみに避けながら走っている姿から、3つの視点において発達していることがわかる。

✿ オーダーメイド保育

A ふだんの歩き方を観察し、ずり足（両足を地面につけながら歩く）になっていないか確認する。ずり足になっている場合は、片足立ちの練習をしたうえで、片足ごとに体重を移動させながら歩く正しい歩き方を指導する。

B 周辺視を育てるために、平均台遊びを設定。正面に絵などを貼り、それを見ながらまっすぐに歩く練習をする。

C 感覚をより一層統合していくために、園庭にさまざまな形状のラインを引き、その上を走る活動を取り入れる。

あそびにつなぐ➡「いっぽんばし」（84ページ）

保育者と子どもとの会話

言葉を通してのやりとりから、子どもの言語能力や非認知能力の育ち を読み取ることができます。保育者の質問に子どもがどのように答え るかをみてみましょう。

保育者の質問に対する子どもの答えから、おもに次の4点の発達を読み取ること ができます。

視点

- 保育者の言葉が理解できているか（語彙力）。
- 質問され、それに答えるというやりとりができるか（コミュニケーション力）。
- 自分の気持ちを言葉で表現できるか（表現力）。
- 自信をもって答えることができるか（自己肯定感）。

発達の読み取り

A 質問の意味がわからずぽかんとしている姿から、4つの視点における発達はまだみられないことがわかる。

B 質問に答えているが、正しく答えられていない姿から、語彙力や表現力に課題があることがわかる。

C 質問に対して的確に答えている姿から、4つの視点において発達していることがわかる。

オーダーメイド保育

A 質問に対して答えるという経験をさせるため、「りんごとみかんなら、どちらが好き？」と選択肢を示して質問をする。

B 正しい答えを伝えるため「お寿司を食べたのね」と子どもの答えを受け止めたうえで、「じゃあ、お寿司が好きなのね」とより明確な質問に変えて尋ねる。

C 子どもの会話力をさらに伸ばしていくために、「いちごのどんなところが好きなの？」と少し深めた質問につなげる。

あそびにつなぐ➡「動物のまねっこ」（86 ページ）

体幹　　感覚統合　　言語能力　　非認知能力

食具・食器の扱い

食事の際の食具や食器の扱い方から、手首の動きや感覚統合の育ちを
読み取ることができます。給食の場面などで観察してみましょう。

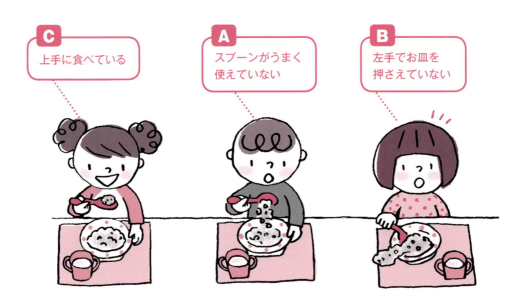

C 上手に食べている

A スプーンがうまく
使えていない

B 左手でお皿を
押さえていない

スプーンを持つ手の動きと左手の位置から、おもに次の2点の発達が読み取れます。

視点

- スプーンで食べ物をすくう際の手首の動き（回外・回内・屈曲・屈伸
運動）ができるか。
- 左手で皿を押さえつつ、右手でスプーンを使うという、左右で違う身
体の動きがコントロールできるか（感覚統合）。

※肘関節を90°に曲げ（屈曲）、手のひらが上を向くように回す運動を回外、下を向くよ
　うに回す運動を回内という。

0歳児

1歳児

2歳児

3歳児

4歳児

5歳児

🔍 発達の読み取り

A スプーンの握り方がぎこちなく、食べものをすくいきれずにこぼしてしまう姿から、手首の動きがスムーズではないことがわかる。

B 食べ物をうまくすくえているが、左手でお皿を押さえない姿から、左右の動きをコントロールする感覚統合の育ちが不十分であることがわかる。

C 上手に食事ができている姿から、2つの視点において発達していることがわかる。

❤ オーダーメイド保育

A 保育者が手を添えながらスプーンの正しい持ち方や動かし方を伝えるほか、ふだんの保育に「リボン回し（イラスト参照）」や縄跳びの縄を使っての「縄回し」など手首を動かす遊びを取り入れる。

B 自分の思うように身体の動きをコントロールできるようになるために、ダンスやリズム遊びなどを取り入れる。

C 時期をみて、はしにも挑戦させる。

あそびにつなぐ➡「シール貼り」（90ページ）

2歳児④

かざぐるまを吹く

かざぐるまを回すには、口先をとがらせて息の強さを調節しながら、的確な場所に吹きかけるという調整力や判断力が必要です。かざぐるまで遊ぶ子どもの姿から、それぞれの力の育ちを読み取ることができます。

C くるくると
かざぐるまが
回っている

A 口先をとがらせて
息を吹きかけられ
ない

B 吹きかける位置が
違っている

かざぐるまを吹く子どもの口の形やかざぐるまの回り具合から、おもに次の2点の発達を読み取ることができます。

視点
- 息を吹く強さを意識できるか（調整力）。
- かざぐるまのどの位置に息を吹きかければよいか判断できるか（判断力）。

38

🔍 発達の読み取り

A 口先をとがらせて息を吹けない姿から、調整力が育っていないことがわかる。

B かざぐるまの羽の回る位置に息を吹きかけることができない姿から、判断力が育っていないことがわかる。

C 上手にかざぐるまを回せていることから、2つの視点において発達していることがわかる。

✿ オーダーメイド保育

A 息の強さを調整する力を育てるために口をとがらせて、長く息を吹き出すように伝える。

B 息のあたる場所によってかざぐるまが回ったり回らなかったりすることに気づけるようにしたうえで、吹きかけるべき位置にシールを貼って、かざぐるまが回る経験ができるようにする。

C 走ってかざぐるまを回したり、友だちと一緒に息を吹きかけたりなど、もっと速く回す方法がないか試してみる。

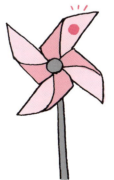

ごっこ遊び

子どもの生活体験がそのまま反映されるごっこ遊びからは、子どもの様々な心の育ちを読み取ることができます。一例として、この年齢の子どもによく見られる「お医者さんごっこ」での子どもの姿を見てみましょう。

ごっこ遊びでの子どもの言動から、おもに次の3点の発達を読み取ることができます。

視点
- 自分の役割を理解し、役割を演じることができるか。
- 生活体験が十分であるか。

0歳児

1歳児

2歳児

3歳児

4歳児

5歳児

🔍 発達の読み取り

A 何をしてよいかわからず、ごっこ遊びに参加できない姿から、役割を演じることができず、生活体験も不足している可能性があることがわかる。

B ごっこ遊びを楽しむ気持ちはあるが、お医者さん役を演じられない姿から、生活体験が不足していることがわかる。

C お医者さんごっこを理解し、役割に応じて遊んでいる姿から、その根拠となる生活体験も豊富であることがわかる。

🍀 オーダーメイド保育

A まずはごっこ遊びに参加できるよう、「○○ちゃんは病院に行ったことがある？」「お医者さんって何をする人かな？」などと生活体験を思い起こさせると同時に、「一緒に病院に行ってみようか」「おなかが痛いんだよね、お医者さん、どうぞ○○ちゃんのおなかを診察してください」などと、保育者もごっこ遊びに参加しながら患者役を経験する。

B 役割を具体的にイメージできるよう「○○ちゃんはお医者さんね」と確認してから、「うさぎさんがおなか痛いって」「注射をしてあげようか？」「お薬を飲ませてあげようか？」などと声をかける。

C さらに遊びを広げるために、保育者がぬいぐるみの母親役などでごっこ遊びに参加してみる。また、ほかの子どもとお医者さん役を交代させたり、違う役も演じてみるように促す。

あそびにつなぐ➡「お天気カード」（88ページ）

41

2歳児⑥

体幹　感覚統合　言語能力　非認知能力

居心地のよい場所の選択

保育室に「大きなおうち」「小さなおうち」を用意し、子どもが自分の感情に合わせて、居場所を選択できているかあるいは選択できていないか観察します。

C 友だちと過ごしている

B 1人で過ごしている

A ボーッと立っている

子どもがどの場所にどのようにしているかで、おもに次の2点の子どもの状態を読み取ることができます。

視点

- さみしい、疲れた、落ち着かないなどネガティブな感情を自分でコントロールできているか。
- 友だちと狭い空間で過ごすことで親密度を高めているか。

0歳児

1歳児

2歳児

3歳児

4歳児

5歳児

🔍 発達の読み取り

A ボーッと立っているだけで、居心地のよい場所が選べずにいる姿から、感情のコントロールがうまくいかないことがわかる。

B 1人で入って静かに過ごしている姿から、自分で気持ちをコントロールできていることがわかる。

C 友だちと一緒に入り、笑い合って過ごしている姿から、友だちとの親密度が高まっていることがわかる。

🍀 オーダーメイド保育

A 居心地のよい場所を自分で選ぶ力をつけるために、保育者が「どっちのおうちに入ってみる？」などと選択肢を与えて誘う。自分の意志で「おうち」に入らない場合は、子どもの気持ちを尊重する。

B 狭い場所で落ち着きたい気持ちを受け止め、そのまま見守るほか、保育者がそばに寄り添ってみる。

C 友だちと過ごすことの楽しさを受け止め、「楽しそうだね」と共感の言葉をかける。

あそびにつなぐ➡「段ボール箱遊び」（92ページ）

3歳児①

同じものを見ながらの会話

子ども同士の会話から、それぞれの子どもの心の育ちや状態を読み取ることができます。子どもが同じものを見ながら会話をしている場面を観察してみましょう。

C　自分の言葉で表現し、共感を求めている

B　友だちの言葉に共感している

A　雲を認めているが共感には至っていない

言葉のやりとりから、おもに次の2点の発達を読み取ることができます。

視点
- ●ものの色や形を言語化できるか。
- ●同じものを見ながら、友だちと共感し合えるか。

0歳児

1歳児

2歳児

3歳児

4歳児

5歳児

🔍 発達の読み取り

A 「あ、雲」とだけ話している姿から、2つの視点における発達はまだみられないことがわかる。

B 「本当だね」と友だちの言葉に共感することはできるが、自分の言葉で表現する力はついていないことがわかる。

C 雲の色や形を「雪みたい」などと言語化し、友だちに共感を求めている姿から、2つの視点において発達していることがわかる。

✿ オーダーメイド保育

A 共感し合うことの楽しさを伝えるために、同じものを見ながらゆったりと過ごす時間を意識してつくり、「見てごらん、きれいなお花が咲いているよ」「先生、ピンクのお花が大好き」などと保育者自身の感動を言葉にする。

B その子なりの言語表現を引き出すために「ソフトクリームみたいな雲だね、なめたら甘いかな?」「○○ちゃんには何に見える?」などと言う。

C 表現の幅や興味・関心の対象を広げるために「隣の雲は細長いよ。あっちは何に見える?」などと別の言語表現を引き出したり、「あ、お月さまだ。ピカピカして鏡みたいだね」などとほかの自然物にも目を向けられるようにする。

あそびにつなぐ➡「お天気カード」(88ページ)

あそびにつなぐ➡「電話ごっこ」(104ページ)

3歳児②

虫への対応

虫など自然物に出会ったときの子どもの対応から、未知のものに対する興味・関心や探究心などの心の育ちを読み取ることができます。ここでは一例として、園庭で見つけた虫をクラスで飼ってみるという場面での子どもの反応を観察してみましょう。

A 怖くてそばに近寄れない

B かごの中の虫を見るだけで満足している

C 虫を手にのせて観察している

子どもの反応から、おもに次の2点の発達を読み取ることができます。

視点
- 自然物に興味をもってかかわり、その生態や動きを理解できるか。
- 興味をより掘り下げていこうという探究心が育っているか。

0歳児

1歳児

2歳児

3歳児

4歳児

5歳児

 **発達の読み取り**

A 虫を怖がる姿から、自然体験が少なく、未知のものに対する興味よりも恐怖心が強いことがわかる。

B 虫を見るのは大丈夫だが、触ろうとはしない姿から生き物を触ることに慣れていないことがわかる。

C 虫を手にのせてじっくり観察している姿から、2つの視点において発達していることがわかる。

オーダーメイド保育

A 徐々に虫を見ることに慣れるよう、自然物に触れる機会を多くすることから始める。

B 虫に触ることを怖がるようなら、まずは虫に抵抗のない友だちの手にのせ、虫を怖がらない様子を見せる。そして、友だちに「どんな感じ？」と聞き、「もぞもぞ動いている」などと答えたら、「モゾモゾ動いているんだって」と伝え、興味をひくようにする。また、虫の様子を言葉で表現できるようにする。

C 虫に対する興味・関心をより掘り下げていくために、図鑑などを用意し、飼い方を調べたりできるようにする。

あそびにつなぐ➡「双眼鏡」（102ページ）

3歳児③

保育者への甘え

抱っこなどのスキンシップの場面から、子どもの甘えの心を読み取ることができます。ここでは一例として、保育者が子どもに「おひざにおいで」と声をかけた場面での子どもの態度を見てみましょう。

A 素直に甘えられない

B 抱っこされたままでいたがる

C 満足したらサッとひざから降りる

子どもの表情や言動から、おもに次の3点の子どもの心の状態を読み取ることができます。

視点
- 保育者に対して満たされているか。
- ふだんの生活において欲求不満をもっているか。
- 自分の気持ちを素直に表すことに抵抗があるか。

0歳児

1歳児

2歳児

3歳児

4歳児

5歳児

 **発達の読み取り**

A 抱っこされることに興味はあるのに、素直になれない姿から、保育者との間に壁をつくっていることがわかる。

B 抱っこされたまま、なかなかひざからおりようとしない姿から、欲求不満を感じていることがわかる。

C 喜んで抱っこされるが、満足したらサッとひざからおりる姿から、3つの視点の発達について問題ないことがわかる。

オーダーメイド保育

A 安心感をもたせ、保育者との絆を強めるために「〇〇ちゃんもおいで」と名前を呼んで誘ってみる。また、子どもが緊張しないよう後ろからそっと抱きしめる。

B 子どもの欲求不満の解決に向けて、まずは、子どもが満足するまで抱っこをし、気持ちを落ち着ける。そのうえで家庭と連携しながら、子どもが何に不満をもっているのか探る。

C 問題のない子どもは放っておきがちだが、子どもの心の状態は移ろいやすいので、意識して見守るようにする。また、とくに問題がなくても、抱っこなどのスキンシップは積極的におこなう。

ぎゅー

3歳児④

集団のなかでの読み聞かせ

集団のなかでの行動から、様々な子どもの心の育ちを読み取ることができます。ここでは一例として、読み聞かせの場面での子どもの姿を見てみましょう。

集団のなかでの子どもの姿から、おもに次の2点の発達が読み取れます。

視点
- 絵本の内容を理解し、楽しむことができるか。
- 集団のなかで、その場にふさわしいふるまいをすることができるか。

0歳児

1歳児

2歳児

3歳児

4歳児

5歳児

発達の読み取り

A 絵本に興味を示さずにいる姿から、絵本の内容を理解していないことがわかる。また、フラフラと歩きまわり、保育者のもとに集まれていない。

B 絵本に興味はあるが、内容を先に話してしまっている姿から、集団のなかで一緒に楽しむことの意味が理解できていないことがわかる。

C 絵本に興味をもち、しっかりと座っている姿から、2つの視点において発達していることがわかる。

オーダーメイド保育

A 絵本を楽しむことができるように、まずは1対1で、保育者のひざの上にのせて読み聞かせをしてみる。

B このような場面ではみんなで楽しむことを伝えるために、「知っているんだね」と共感の言葉をかけたうえで「みんなはまだ知らないから、秘密にしていてね」などと言う。

C 楽しかった経験をさらにほかの人とも共有できるように、絵本の内容を保育者や保護者に話すことができるように促す。

むかし
むかし…

あそびにつなぐ➡「あいうえお言葉探し」（98ページ）

ケンケンパ

片足立ち、片足跳びがどの程度できるかで、体幹や感覚統合の育ちを読み取ることができます。「ケンケンパ」の枠を用意しておき、子どもが遊ぶ姿を観察してみましょう。

C リズミカルに跳んでいる

B 足が枠から外れている

A 片足飛びができない

片足跳びをする子どもの姿から、おもに次の2点の発達を読み取ることができます。

視点
- 片足で跳ぶのに必要な体幹が育っているか。
- 「ケンケンパ（片足と両足）」の枠に合わせてリズミカルに手足を動かせているか（感覚統合）。

発達の読み取り

A 片足跳びの前段階である片足立ちが困難でふらついてしまう姿から、体幹が育っていないことがわかる。

B 片足立ちで跳べているが、手足を思いどおりの位置に動かせていない姿から、体幹は育っているものの、感覚は統合されていないことがわかる。

C リズムカルにケンケンパができている姿から、2つの視点において発達していることがわかる。

オーダーメイド保育

A まずは片足で立つことができるように、片足ごとに体重を乗せながら歩く練習をする。「ぬき足、さし足、しのび足」と言いながら、ゆっくり歩いてみるとよい。

B 身体をしっかりと持ち上げられていないことも、枠から足がはみ出てしまう原因のひとつ。上腕の動きで身体を持ち上げられるようにアドバイスをする。さらに体幹とバランス感覚を鍛えるために、楽しく取り組めるような歌（リズミカルなCMソングなどでも）などに合わせてケンケンをしてみる。経験をたくさん積めるように、廊下などに枠を常時設定してふだんからケンケンパができるようにする。

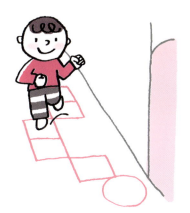

C 片足跳びをしながらのドンジャンケンなど、遊びを発展させていく。

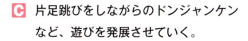

あそびにつなぐ➡「いっぽんばし」（84 ページ）

あそびにつなぐ➡「マット渡り」（94 ページ）

あそびにつなぐ➡「おなかでボール運び」（96 ページ）

0歳児
1歳児
2歳児
3歳児
4歳児
5歳児

3歳児⑥

イメージをふくらませる

イメージをふくらませながら遊べるかどうかで、子どもの心の育ちを読み取ることができます。ここでは一例として、おばけの絵本を読み聞かせした日、布団にくっついていた毛糸のくずを見つけた保育者が「あっ、おばけの髪の毛だ」と子どものイメージを刺激する言葉をかけたときの子どもの姿を見てみましょう。

イメージを刺激する言葉をかけたときの子どもの反応から、おもに次の2点の発達を読み取ることができます。

視点
- 物語を聞いて自分の体験とする力があるか。
- イメージをふくらませる力があるか。

0歳児

1歳児

2歳児

3歳児

4歳児

5歳児

🔍 発達の読み取り

A 保育者の言葉に反応しない姿から、物語を聞いて自分の体験にする力が育っていないことがわかる。

B 「ほんとだ」と喜びながらも、それ以上の遊びに発展させない姿から、イメージをふくらませる力が育っていないことがわかる。

C 「どこ？ どこ？」と楽しく想像をふくらませて探しに行く姿から、2つの視点において発達していることがわかる。

✿ オーダーメイド保育

A イメージのひきだしを増やすために、ふだんから1対1で、子どもの興味・関心に合わせた絵本を読み聞かせる機会を多くつくる。

B イメージをふくらませるきっかけをつくるために、絵本を読み聞かせたあと、「もしおばけがいるとしたら、どこにいるんだろうね」「おばけは何を食べるんだろうね？」などと言う。

C イメージ遊びがより広がりを見せるように、おばけ探検につながるような声かけをしたり、ごっこ遊びにつながる物を用意し、集団遊びにつなげる。

あそびにつなぐ➡「あいうえお言葉探し」（98ページ）

あそびにつなぐ➡「双眼鏡」（102ページ）

体幹　感覚統合　言語能力　非認知能力

人前で話す

人前で話さなければならない場面に遭遇したときの態度から、子どもの様々な心の発達を読み取ることができます。ここでは一例として、保育者がしかけたインタビューごっこの際の子どもの姿を見てみましょう。

マイクを向けられたときの子どもの姿から、おもに次の2点の発達を読み取ることができます。

視点
- 自分の意見を自信をもって表現することができるか。
- 人に伝わるような話し方（声の大きさや言葉の選び方など）ができるか。

0歳児

1歳児

2歳児

3歳児

4歳児

5歳児

🔍 発達の読み取り

A モジモジして言葉が出ない姿から、自分の意見に自信がもてずにいることがわかる。

B マイクを向けられて話そうとするが、「えっと…」というだけでなかなか言葉が出ない姿から、伝わるように話す技術が身についていないことがわかる。

C 大きな声ではっきりと答える姿から、2つの視点において発達していることがわかる。

✿ オーダーメイド保育

A 子どもの自信を育むために保育者が「ごはんかな、パンかな？」などと誘導し、子どもがうなずいたり、「ごはん」と単語をひと言発しただけでも「ごはんを食べたのね。よくわかったよ」などとほめる。

B 正しい答え方を知らせるために、保育者が「ごはんかな、パンかな？」「卵焼きも食べたのかな？」などと誘導し、子どもがうなずくなどしたら「じゃあ、ごはんと卵焼きを食べました、だね」と伝え、自分でも言ってみるよう促す。

C ほかの子からの質問にも答えるなど、やりとりの幅を広げて経験させる。また、聞き手として誰かに質問をする場面も設定し、相手が答えやすいような質問の仕方も学べるようにする。

はい！

あそびにつなぐ➡「インタビューごっこ」（100ページ）

4歳児②

絵を描く

絵を描く場面からは、子どもの表現力や表現をしようという意欲などを読み取ることができます。一例として、いも掘り遠足の翌日、昨日の体験を絵にしようと保育者が提案した場面での子どもの姿を見てみましょう。

A 自信がなさそうに小さなさつまいもを描いている

B 自信たっぷりに大きなさつまいもを描いている

自分の体験を思い出しながら絵を描くときの子どもの姿から、おもに次の2点の発達を読み取ることができます。

視点
- 体験を思い出して描けているか。
- 自分のイメージを表現する力が育っているか。

🔍 発達の読み取り

A 自信がなさそうな細い線で小さなさつまいもを描く姿から、2つの視点における発達はまだみられないことがわかる。

B 自信たっぷりに太い線でさつまいもを描く姿から、印象的な体験を思い出しながら表現していることがわかる。

🍀 オーダーメイド保育

A 自信をもって意欲的に絵に向かえるように「〇〇ちゃんはどうやっておいもを掘ったの？」などと尋ねながら追体験し、改めてイメージできるようにする。そのうえで、「どんな大きさのおいもだった？　この画用紙の上でどれくらい？」などと言葉をかける。輪郭線をクレヨンなどで太く描くことから始めるとよい。

B 「どっしりとしていておいしそうなおいもだね」と認め、絵に対する自信をもたせる。さらに詳細な部分まで表現できるように「どのくらいの大きさだった？」「どんな色だった？」などと言葉をかける。

あそびにつなぐ➡「電話ごっこ」（104ページ）
あそびにつなぐ➡「重さ比べ」（106ページ）

0歳児
1歳児
2歳児
3歳児
4歳児
5歳児

4歳児③

片づけ

所定の位置に物を片づける場面では、子どもの位置関係の理解の程度を読み取ることができます。一例として、保育者が指示して片づけをおこなったときの子どもの姿を見てみましょう。

右側の列の上から2段目の棚にしまってね

A どこにしまえばいいかわからない

B 指示どおりにしまっている

所定の位置に物を片づけるときの子どもの姿から、おもに次の2点の発達を読み取ることができます。

視点
- 保育者の指示が理解できているか。
- 上下、左右などの位置関係が理解できているか。

0歳児

1歳児

2歳児

3歳児

4歳児

5歳児

🔍 発達の読み取り

A 保育者の指示がわからず所定の位置に片づけられないことから、保育者の指示は理解できているが、位置関係があやふやであることがわかる。

B 保育者の指示どおりの位置に片づけていることから、2つの視点において発達していることがわかる。

❁ オーダーメイド保育

A まずは上下、左右の理解を深めていく。生活や遊びのなかで、上下、左右の位置を意識する機会を増やす。

B 上下、左右に加え、斜め上・斜め下・中心を合わせた9方向の位置関係についても説明し、生活や遊びのなかでそれらの位置を意識する機会を増やす。

※9方向の理解は、文字を書き写すときなどに必要となります。

あそびにつなぐ➡「ゲームの得点で数遊び」（108ページ）

4歳児④

子ども同士のトラブル

子ども同士のトラブルからは、気持ちの伝え合いができるか、また、自分の気持ちに折り合いをつけられるかどうかを読み取ることができます。一例として、ある子どもが積み木でビルをつくっていたのに、もう一人の子どもが積み木を持っていったためにビルが壊れてしまったという場面での子どもの姿を見てみましょう。

ぼくが使ってた積み木を取った！

わざとじゃないもん！！

A 怒って手を出そうとしている

B 謝らず自分の主張をしている

トラブルが起こったときの子どもの言動から、おもに次の2点の発達を読み取ることができます。

視点
- 自分の気持ちを言葉で伝えることができるか。
- 相手の気持ちを受け入れ、自分の気持ちに折り合いをつけることができるか。

0歳児

1歳児

2歳児

3歳児

4歳児

5歳児

 **発達の読み取り**

A 積み木を持っていこうとした子どもに対し、いきなり手を出す姿から、ビルが壊れて悔しいという自分の気持ちを言葉で伝えられないことがわかる。相手の気持ちや立場もよく理解できていない。

B 「わざとじゃない！」と言い、ビルが壊れたことについて謝ろうとしない姿から、自分の気持ちを伝えることはできるが、相手の気持ちを受け入れる力は十分に育っていないことがわかる。

オーダーメイド保育

A 言葉で気持ちを伝えられるようになるために「ビルが壊れてしまって悔しいね」と子どもの気持ちに共感しながら、「いま、ビルをつくっているところだから、積み木を持っていかないで」と言い方を教える。

B 相手の気持ちに気づけるように「わざと壊したんじゃないよね。それは先生もよく知っているよ」と子どもの気持ちに共感しながらも、「でも、○○くんはビルが壊れてしまって悲しんでいるよ」と相手の子どもの気持ちを説明する。

あそびにつなぐ➡「あいうえお言葉探し」（98ページ）

体幹　感覚統合　言語能力　非認知能力

椅子に座って話を聞く

椅子に座って保育者の話を聞く場面からは、座り続けていられる力があるかどうか、話を聞く集中力が育っているかどうかを読み取ることができます。

B しっかりと座って話を聞いている

A しっかり座れず集中できていない

椅子の座り方や話を聞く様子から、おもに次の2点の発達を読み取ることができます。

視点
- 体を揺らさずに椅子にきちんと座るための体幹が育っているか。
- 保育者の話に耳を傾けて聞く力が育っているか。

0歳児

1歳児

2歳児

3歳児

4歳児

5歳児

 発達の読み取り

A 体を揺らして椅子をガタガタさせたり、椅子にもたれかかったりして、話に集中できていない姿から、体幹も聞く力も育っていないことがわかる。

B しっかりと座って話を聞いている姿から、2つの視点において発達していることがわかる。

オーダーメイド保育

A きちんと座れるようになるために、まずは体幹を育てる必要がある。日常の保育のなかに片足立ちなどの活動を取り入れる。きちんと座れるようになると、しだいに話を聞く力もついてくる。

B 話を聞く力をさらに向上させるために、友だち同士での物語づくりなどの活動にも取り組んでいく。

あそびにつなぐ➡「動物のまねっこ」（86 ページ）

あそびにつなぐ➡「マット渡り」（94 ページ）

あそびにつなぐ➡「おなかでボール運び」（96 ページ）

体幹　感覚統合　言語能力　非認知能力

5歳児①

かけっこのスタート

「ヨーイ ドン」の合図でかけっこのスタートをするには、音を聞き取り判断して、手足に指令を出して走り始めるという感覚統合の育ちが求められます。スタート場面での子どもの動きを観察してみましょう。

かけっこのスタート時点での子どもの姿から、おもに次の発達を読み取ることができます。

 視点
- 「ドン」の合図でスタートすることを理解しているか。
- 自分の意思と手足の動きが統合できているか。

発達の読み取り

A 「ドン」の合図の後、一拍おいてスタートする姿から、2つの視点における発達はまだみられないことがわかる。

B 「ヨーイ」と言った時点で身体が動き、合図の前に足を踏み出してしまうことから、意思と手足の動きが統合できていないことがわかる。

C 「ドン」の合図とともに素早くスタートできている姿から、スタートのルールについて理解できていること、意思と手足の動きが統合できていることがわかる。

オーダーメイド保育

A 「先生が手をたたいたところでスタートするんだよ」と「ドン」のところで保育者が手をたたいて知らせる。子どもが飽きないように時間などに配慮しながら、くり返し取り組む。

B 「ドン」の合図とともに身体に軽くタッチするなどして、タイミングを身体で覚えられるようにする。

C 十分に力がついているので、かけっこのほかにも身体を動かして遊ぶ経験を積み重ねていく。

あそびにつなぐ➡「ゲームの得点で数遊び」（108ページ）

体幹　感覚統合　言語能力　非認知能力

縄跳び

手首の動きやタイミングを合わせて跳ぶ力が必要とされる縄跳びから、身体の発達や感覚統合の育ちなどを読み取ることができます。

B 腕ごと縄を回している

A 縄を回せず、跳ぶこともできない

C 上手に跳べている

縄跳びの縄の扱いや跳ぶタイミングから、おもに次の2点の発達を読み取ることができます。

視点
- 手首の回外・回内（外回し・内回し）運動ができているか。
- 飛ぶタイミングを見極め、それに合わせて身体の動きをコントロールできているか（感覚統合）。

※回外・回内運動については、36ページ参照

🔍 発達の読み取り

A 縄を回せず困惑している姿から、2つの視点における発達はまだみられないことがわかる。

B 腕を使ってぎごちなく回して跳んでいる姿から、感覚は統合しているものの、手首の柔軟性が身についていないことがわかる。

C 上手に跳べている姿から、2つの視点において発達していることがわかる。

✿ オーダーメイド保育

A 縄を目視してゆっくりと回し、地面についてから1回跳ぶことをくり返す。しだいに動きを早め、なめらかな縄飛びにつなげていく。

B 4つ折りにした縄を手首で回す練習をし、手首をスムーズに動かせるようになったら、タイミングを合わせて跳んでみる。

C 十分に力がついているので、2ステップ跳びから1ステップ跳びに移行させ、跳ぶ回数も増やしていく。後ろ跳びなどにも挑戦してみる。

あそびにつなぐ➡「マット渡り」（94ページ）

あそびにつなぐ➡「おなかでボール運び」（96ページ）

0歳児
1歳児
2歳児
3歳児
4歳児
5歳児

体幹　感覚統合　言語能力　非認知能力

5歳児③

砂場遊び

子ども同士で協力し合って遊ぶ場面からは、様々な子どもの心の育ちを読み取ることができます。一例として、砂場で山をつくって遊んでいる子どもの姿を見てみましょう。

トンネルを掘りたい

ぼくはシャベルを持ってくるよ

A 仲間に入れない

B 自分の気持ちを口にしている

C 役割分担を意識している

協同で山をつくる場面から、おもに次の3点の発達を読み取ることができます。

視点

● 協同作業を楽しむことができるか。

● 自分のやりたい気持ちを言葉にできるか。

● 自分の役割を意識しながら活動に参加できるか。

 発達の読み取り

A 参加したい気持ちはあるが、仲間に入れない姿から、3つの視点における発達はまだみられないことがわかる。

B 「トンネルを掘りたい」という意欲をもっている姿から、協同作業を楽しむ力や、やりたい気持ちを言葉にする力は育っている。一つの目的に向かって、自分がどんな役割をするか判断する力が育っていない。

C トンネルを掘るための役割分担を意識しながら取り組む姿から、3つの視点において発達していることがわかる。

オーダーメイド保育

A 仲間に入るきっかけづくりを手伝うために、シャベルやバケツなど「これ持ってきたよ」と山づくりに必要な道具を持たせる。

持ってきたよ！

B みんなで協力し合って大きなものをつくる喜びを経験させるために、「大きな山をつくるにはどうしたらいいんだろうね?」「どんな道具が必要かな?」「誰が何をしたらいいのかな?」と言い、考えられるようにする。

C 子どもの社会性を育てるために、作業に行き詰まったり、友だちと意見の相違があった場合には、どのように解決するのかを見守り、必要に応じて援助していく。

あそびにつなぐ➡「インタビューごっこ」（100ページ）

0歳児
1歳児
2歳児
3歳児
4歳児
5歳児

自分の名前を書く

自分の名前を書く場面からは、小学校の学びにつながる様々な力の育ちを読み取ることができます。

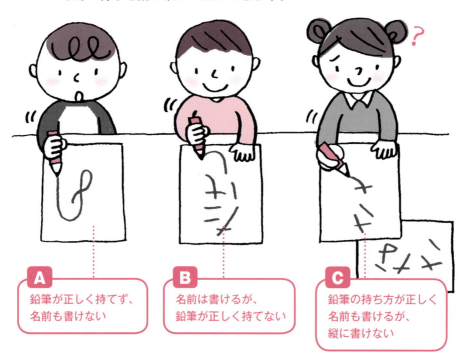

A
鉛筆が正しく持てず、名前も書けない

B
名前は書けるが、鉛筆が正しく持てない

C
鉛筆の持ち方が正しく名前も書けるが、縦に書けない

文字を書く場面から、おもに次の3点の発達を読み取ることができます。

視点

- 鉛筆を正しく持つことができているか。
- 自分の名前の文字を読み書きできるか。
- 縦書き、横書きの両方ができるか。

0歳児

1歳児

2歳児

3歳児

4歳児

5歳児

 **発達の読み取り**

A 鉛筆が正しく持てていないことや名前も書けないことから、文字に関心が低いことがわかる。

B 名前など、文字については関心があるが、鉛筆の持ち方が身についていないことがわかる。

C 文字を縦に書く経験が少ないことがわかる。

オーダーメイド保育

A まずは自分の名前の文字を意識できるよう、生活のなかの文字やひらがな積み木などを用いる。

B 鉛筆の正しい持ち方が小学校の学びに直接的につながることを踏まえ、まずは鉛筆の持ち方を練習する。保育者が手本を示しながら、「鉛筆の向こう側がトンネルのようになるように持ってね」と伝えるとわかりやすい。

正しい持ち方

鉛筆を持っている手をのぞかせてみる。
「望遠鏡のように向こう側が見えるかな」と声を
かける（向こう側が見えるのが正しい持ち方）。

正しい座り方

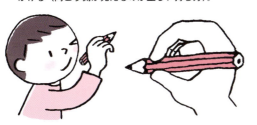

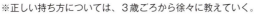
※正しい持ち方については、3歳ごろから徐々に教えていく。

C 小学校の学びには縦書きが用いられることが多いことを踏まえ、縦書きでも文字が書けるように教える。

5歳児⑤

話し合い

話し合いの場面から、子どもの言語能力や自己決定力などの社会性の育ちを読み取ることができます。一例として、生活発表会で披露する劇を何にするかグループごとに話し合っている子どもの姿を見てみましょう。

意見を出し合い、話をまとめていく過程で、おもに次の3点の発達を読み取ることができます。

視点

● 自分の意見をもち、それを表現することができるか。

● 相手の意見に耳を傾けることができるか。

● いろいろな意見をひとつにまとめていくことができるか。

0歳児

1歳児

2歳児

3歳児

4歳児

5歳児

 発達の読み取り

A 何も言わず黙っている姿から、自分の意見を表現することができないことがわかる。相手の意見に耳を傾けることはできているが、話をひとつにまとめる力はまだ育っていない。

B まわりの状況に関係なく、自分の意見を通そうとしている姿から、自分の意見を表現することはできるが、相手の意見に耳を傾ける力や様々な意見をひとつにまとめる力は育っていないことがわかる。

C 相手の意見を聞き入れながら話をまとめていく姿から、3つの視点において発達していることがわかる。

❁ オーダーメイド保育

A 話し合いに参加できるように、保育者がその子どもの意見を聞きながら言葉にできるよう支援する。

B 友だちの意見にも耳を傾けられるように、「○○ちゃんはどう思っているかな？」「△△くんの意見も聞いてみようか」などと促す。

C 話し合いの後、劇をよりよいものにしていくにはどうしたらよいか考えてみることを促す。

あそびにつなぐ➡「インタビューごっこ」（100ページ）

あそびにつなぐ➡「電話ごっこ」（104ページ）

第2章

子どもの発達を促す保育実践

「体幹」「感覚統合」「言語能力」「非認知能力」を育むために
効果的な遊びを紹介します。設定保育や自由遊びのなかで、
楽しみながら取り組みましょう。

体幹　　感覚統合　　言語能力　　非認知能力

ゆらゆらゆりかご

🦆 **子どもの姿**	● 歩き方がぎこちない、小さな段差でもつまずく、手足をスムーズに動かせないなど、身体を自分の思いどおりに動かせないでいる。 ● 姿勢が悪く、身体がグニャグニャとしている。
🎯 **ねらい**	● 身体をゆれに適応させることで、身体をまっすぐに保つための体幹が育つ。 ● ゆれを体感し、感覚が育つ。 ● 三半規管を鍛える。
🏠 **環境・配慮**	● 子どもが怖がらないよう、保育者は笑顔で接し、信頼関係を築きながら進める。 ● はじめは低い位置でゆっくりゆらし、徐々に高さやゆらすペースを上げる。

厚手のバスタオルや毛布に子どもをのせ、保育者が両端を持ち、ゆらゆらとゆらします。

0歳児

1歳児

2歳児

3歳児

4歳児

5歳児

 準 備

●厚手のバスタオルや毛布（しっかりと身体を支えられるもの）

 **基本の遊び**

❶はじめは低い位置でゆっくりゆらす。

❷保育者の顔が見えるように、バスタオルを斜めに傾ける。

❸慣れてきたら、高さを変えてみたり、ゆらし方を変えてみる。

※ペースは上げすぎない。墜落の危険や脳に衝撃を与える可能性がある。

advice

歌などをうたいながら、楽しい雰囲気でおこないましょう。

だるまさん

🦆 **子どもの姿**	● 壁に貼ってあるだるまの絵に興味を示している。 ● 喃語が出始めている。
 **ねらい**	● 絵の違いに気づき、物を比較する力が育つ。 ● 喃語から言葉を少しずつ習得する。
🏠 **環境・配慮**	● 壁などに絵を貼っておき、興味をもった子どもがいつでも楽しめるようにする。 ● 子どもが絵に注目していたら、保育者もそばについて驚きや発見を共有する。 ● 子どもの指差しや喃語に必ず応える。

ヒゲのあるだるま、メガネをかけているだるまなど、様々なだるまの絵を用意して
子どもに見せて、違いを見つけて遊びます。

 準 備

●赤・黄・青のだるまの絵を数枚ずつ

●ヒゲ、メガネ、髪の毛などのパーツ

 **基本の遊び**

0歳児

1歳児

2歳児

3歳児

4歳児

5歳児

ほんとだ、
赤いだるまさんに
ヒゲがあるね！

あーあー

❶赤いだるまの絵を数枚、壁に貼る。

❷1～2週間経って、子どもがだるまの絵になじんだら、いくつかのだるまにヒゲやメガネなどをつけてみる。

こっちの
だるまさんは
青いね。

あっあっ

❸だるまの色を変えてみる。

❹だるまを見ながら、子どもたちと会話する。

advice

だるまの違いに気づき、言葉で表現できるように働きかけていきましょう。

81

| 体幹 | 感覚統合 | 言語能力 | 非認知能力 |

ボール的当て

🦆 子どもの姿	● 遊びのなかでボールに興味をもち、ボールを転がしたり投げたりして遊んでいる。 ● 転がるボールを取れない子、押さえて取る子、すくい取る子がいる。
🎯 ねらい	● ボールを扱う手の動きに慣れ、運動能力を高める。 ● ねらいを定めてボールを転がすことで、ボールの行方を予想する力が育つ。
🏠 環境・配慮	● 違う大きさのボールも取り入れ、難易度を調整するとともに、視覚的な変化もつける。 ● できる、できないで評価せず、遊びとして楽しむようにする。

ボールを転がし、ペットボトルの的に当てて遊びます。

 準 備

- ●ペットボトル数本
- ●ボール（様々な大きさのもの）

基本の遊び

0歳児
1歳児
2歳児
3歳児
4歳児
5歳児

❶ペットボトルを数本置いて的にする。

❷3メートルくらい離れたところから、まずは大きめのボールを両手で転がして的に当てる。

❸途中にマークを置いて当てやすくする。

❹ボールの大きさを変えたり、当てる距離を延ばす。

advice

はじめは両手で転がし、慣れてきたら片手で挑戦してみましょう。

0・1・2歳児の遊び ❹

いっぽんばし

 子どもの姿	● 転びやすく、また、転んだときにすぐに手が出ないでいる。 ● 障害物にぶつかってけがをすることが多い。 ● 正しい歩き方ができていないために疲れやすく、長時間歩けない。
ねらい	● まっすぐに姿勢を保つための体幹が育つ。 ● 片足ずつに重心をのせて歩く、正しい歩き方が身につく。 ● 前を見ながら周辺情報にも注意できるよう周辺視を養う。
環境・配慮	● いっぽんばしを始める前に、走ったりリズム遊びをして、身体を十分に動かす。 ● 正しい歩き方ができていない子には「ゆっくり歩いてごらん」と声をかけ、片足ずつ体重をのせる歩き方を指導する。

ラインから外れないよう気をつけながら、正面を見てまっすぐに歩きます。
しっかりと歩けるようになった子どもが対象です。

 **準 備**

- 床に20cmの幅のラインを引く。慣れたら15cm幅、10cm幅にしていく。
- いっぽんばしを渡った先にある壁に絵などを貼り、目印にする。

基本の遊び

❶ 保育者が、まっすぐ前を向き目印を見ながらラインを渡ってみせる。

❷ 同じように子どもも1人ずつやってみる。

❸ 幅の広いラインから始め、慣れたら狭いラインに挑戦する。

advice

はじめのうちは足元を見て渡り、だんだんと目印を見て渡るように声をかけます。

advice

ふらつきがちな子には、手を広げてバランスをとることを教えるとよいでしょう。

動物のまねっこ

🦆 子どもの姿	● 絵本や園内、散歩の途中などに見かける動物に興味を示している。 ● 身体を動かして遊ぶことが好きで、少しもじっとしていない。 ● ごっこ遊びが始まり、イメージして遊ぶ力がついてきている。
🎯 ねらい	● 身体を動かして遊ぶことの楽しさを味わう。 ● ふだんの生活では使わない身体の動きを経験することで、運動能力が向上する。 ● イメージをふくらませ、それを身体で表現する力が育つ。
🏠 環境・配慮	● 動物の動きがイメージできない子には、保育者や友だちの動きをまねして動いてみるように伝え、まずは身体を動かすことの楽しさから味わわせる。

うさぎ、かめ、鳥などのポーズや動きをまねて遊びます。イメージをふくらませて自由に動いたり、保育者のポーズをまねしたりして楽しみます。

準 備　　とくになし

基本の遊び

フラミンゴ！

❶「好きな動物になって遊ぼう」と声をかけ、保育者がやってみせる。

❷「みんなもフラミンゴになってみよう」と言い、みんなで保育者と同じポーズをしてみる。

ねこ！　いぬ！　ワン！　ニャーン！

❸「ほかにどんな動物になろうかな？」と問いかけ、子どもから「ねこ！」「いぬ！」などの言葉が出てきたら、「じゃあ、次はねこ」などと言いながら、その動物になりきって動いてみる。

0歳児

1歳児

2歳児

3歳児

4歳児

5歳児

体幹　感覚統合　**言語能力**　**非認知能力**

0・1・2歳児の遊び ❻

お天気カード

子どもの姿	● 窓から外をのぞき、雨が降っているかどうか確認するなど天気に興味を示している。 ● 雨の日には外遊びができない、かさが必要であるなど、天気と生活との関係性に気づき始めている。
🎯 ねらい	● 天気を通して自然現象への興味が育つ。 ● 自分の目で見て判断した天気を表現する力が育つ。 ● 発見や驚きをきっかけに喃語を使う。
🏠 環境・配慮	● 毎日、窓から今日の天気を確認する習慣をつける。

晴れ、くもり、雨などの天気カードで、その日の天気を表現します。

0歳児

1歳児

2歳児

3歳児

4歳児

5歳児

 準 備

● 天気カード（晴れ、曇り、雨、雪など）

● 天気カードを貼るボード（窓の近くに貼る）

※子どもたちの理解が進むに連れて、よく晴れて日差しの強い日は赤い太陽、日差しがやわらかな日は黄色い太陽、大きな雲や小さな雲、大雨、小雨などカードの種類を増やす。

基本の遊び

❶ 子どもたちと窓の外を見て、天気カードを指し示しながら「どれにする？」と聞いてみる。

❷ 子どもが指したカードをボードに貼る。

❸ 慣れてきたら、太陽のカードを曇りのカードで半分隠すなど、天気の表現の仕方を工夫していく。

❹ 黄色い太陽カードと赤い太陽カードを作り、「今日はどっちの晴れマークかな」と聞いてみる。このようにして暑さと色の関係を感じさせていく。

※自然事象をカードで表現することを通して、「晴れている日⇒暖かい」「雨の日⇒かさをさす」といった事柄のつながり＝非認知能力が育まれます。

89

シール貼り

🐥 子どもの姿	● 手先の細かい動きができるようになってきている。 ● 形の認識ができ始めている。
 ねらい	● シールを台紙からはがしたり、枠に合わせて貼る作業で、手指のつまみ動作「精密把握」の力が伸びる。 ● 丸の形から、四角、三角の認識ができるようになる。
🏠 環境・配慮	● 子どもが自由に取れる場所に紙とシールを用意しておき、いつでも好きなときにシール貼りが楽しめるようにする。

紙に枠を描き、その枠に合わせて同じ形・大きさのシールを選んで貼ります。

 準 備

● 枠を描いた紙とシール

※はじめは丸い形、慣れてきたら四角、三角の順に増やす。

 **基本の遊び**

0歳児
1歳児
2歳児
3歳児
4歳児
5歳児

❶子どもが自由にシールを貼る。

❷次の段階では、「枠の中に貼ってごらん」と声をかける。

枠のなかに貼ってごらん！

❸四角や三角のシールにも挑戦する。

体幹　感覚統合　言語能力　非認知能力

段ボール箱遊び

🦆 **子どもの姿**	●身体を動かして遊ぶことが好きで、走りまわるなどエネルギーが余っている。 ●椅子を押して歩いたり、絵本を何冊も持ち歩くなど、重いものを運ぶことに達成感を得ている。 ●一人で過ごしたい様子がある。
 **ねらい**	●段ボール箱を移動させることで、エネルギーを発散する。 ●中に入ったり出たりの身体の動きで、体幹が育つ。 ●好きな遊び方を自分で選ぶことで、非認知能力が高まる。 ●段ボール箱の中で一人で過ごすことで、気持ちが落ち着く。
🏠 **環境・配慮**	●段ボール箱の用途は説明せず、ただ保育室に置いて子どもたちに自由に使わせる。 ●段ボール箱が崩れて危険がないように、ガムテープで止めたりまわりに布を貼るなどしっかり補強する。 ●段ボール箱の取り合いにならないように、数は十分に用意する。

段ボール箱を用意して、中に入ったり、移動させたりして遊びます。

0歳児

1歳児

2歳児

3歳児

4歳児

5歳児

 **準 備**　●段ボール箱

 **基本の遊び**

❶段ボール箱を置いておく。

❷子どもたちが好きな遊び方で遊べるように見守る。

❸中に牛乳パックをつめてつぶれないようにした段ボール箱も用意し、積み重ねたり階段にして遊べるようにする。

advice

子どもたちが遊ぶ様子に合わせて、数や置き方を調整しましょう。

93

3・4・5歳児の遊び ❶

マット渡り

子どもの姿	●椅子にきちんと座っていられない、姿勢が悪いなど、身体がグニャグニャしている。 ●手足の動きがぎこちない。
🎯 ねらい	●不安定なマットの上でバランスを取りながら歩くことで、体幹が育つ。 ●手足を自分のイメージどおりに動かす感覚が身につく。
🏠 環境・配慮	●雨の日でも身体を動かせる屋内活動として取り入れる。 ●バランスが取れずに転んでしまう子は、保育者が手をつなぐなどして最後まで渡り切れるようにし、達成感が得られるようにする。

マットの下に複数個のボールを入れ、その上を歩いて渡ります。

0歳児
1歳児
2歳児
3歳児
4歳児
5歳児

準 備　● マットとボール（直径26㎝程度のもの）複数個

基本の遊び

❶ マットの下の中央部分にボールを2〜4個入れる。

❷ 一人ずつ上を渡る。

❸ 「ハイハイ」「中腰」「立つ」など、自分のできる方法で取り組ませ、徐々に段階を上げていく。

※安全には十分注意しながら進めます。

advice

手を広げるとバランスが取りやすいことを伝えましょう。

体幹　感覚統合　言語能力　非認知能力

おなかでボール運び

 子どもの姿	● 椅子にきちんと座っていられない、姿勢が悪いなど身体がグニャグニャしている。 ● 手足の動きがぎこちない。 ● 子ども同士で協力し合って遊ぶ姿が見られる。
ねらい	● おなかでボールをはさみ、落とさないように力を調整しながら運ぶことで体幹が育つ。 ● 横歩きという、ふだんの生活にはない身体の動きを取り入れることで、身体感覚を育む。 ● ほかのチームに負けないようにがんばったり、友だちを応援する経験を通して、非認知能力を育てる。
環境・配慮	● 雨の日でも身体を動かせる屋内活動として取り入れる。 ● おなかのどの位置でボールをはさむとうまくいくかを考えさせる。

子ども2人が向かい合わせになり、おなかでボールをはさんで運びます。
チームをつくり、リレー形式で競争すると盛り上がります。

 **準 備**　●ボール（直径26㎝程度）

 **基本の遊び**

❶チームをつくる。

❷2人1組になり、向かい合っておなかにボールをはさむ。

❸合図とともに1組めがスタート。壁にタッチして元の位置まで戻る。

❹2組めにボールを渡したら、2組めも同じように向かい合い、おなかにボールをはさんでスタートする。

❺❷〜❹をくり返し、最後の組が元の位置に戻ってきた順番で勝ち負けを決める。

advice

ボールを落としても、再びはさんで続けます。

ボールはおなかだけではさみ、手などで支えないように伝えましょう。

0歳児
1歳児
2歳児
3歳児
4歳児
5歳児

体幹　感覚統合　**言語能力**　**非認知能力**

あいうえお言葉探し

子どもの姿	● 会話が上手になり、語彙が増えつつある。 ● 生活のなかにある文字に興味を示したり、絵本を自分で読もうとするなど、文字への関心が高まっている。 ● クラスみんなで楽しむ活動に、一人ひとりが集中できる姿が増えた。
ねらい	● みんなで楽しく遊ぶことで、文字や言葉への興味が育つ。 ● 一人ひとりの語彙数を増やす。 ● 言葉の見つからない友だちを応援したり、ヒントを出したりして、みんなで助け合う気持ちをもつ。
環境・配慮	● 朝の会や帰りの会などクラス全員で集まる時間に少しずつ進め、言葉にふれる機会を多くもてるようにする。 ● 次の時間に集める言葉の音を伝えておき、園や家庭でも言葉を見つけられるようにする。 ● 言葉が見つけられない子が負担に感じないよう、保育者がヒントを出すなどして、1つでもよいので、答えられたときの達成感が得られるようにする。

「あめ」「あり」など、はじめの文字が同じ言葉を探します。リズムにのせて進めることで、楽しみながら言葉の数を増やします。

 **準　備**　　とくになし

基本の遊び

❶保育者が手拍子とともに「あのつく言葉を言ってみよう」とうたって、「あ」で始まる3つの言葉を言ってみせる。

❷手拍子を続けながら、子どもたちに「い」で始まる3つの言葉を集めてもらう。順番に一人ずつ答えられるようにする。

❸いろいろな音から始まる言葉を集めてみる。

advice

子どもから出てきた言葉を大きな紙や黒板、ホワイトボードなどに書き、文字に親しむきっかけにしてもよい。

体幹　感覚統合　**言語能力**　**非認知能力**

インタビューごっこ

🦆 **子どもの姿**	● 子ども同士の会話が増え、友だちと言葉を通してつながりたい姿がある。 ● 言葉で自分の気持ちを表現できず、気持ちを抑え込んだり、気持ちが爆発してトラブルになったりすることがある。 ● 相手の話を聞くことができず、コミュニケーションがうまくいかないことがある。
🎯 **ねらい**	● 聞き手と話し手の両方を経験することで、聞く力、話す力をつける。 ● 言葉を通して友だちとつながる経験をし、仲間意識を育む。
🏠 **環境・配慮**	● 朝の会や帰りの会など、クラス全員が集まる時間に少しずつ進め、インタビュー形式の会話に慣れるようにする。 ● インタビューが終わったら役割を交代し、どちらも経験できるようにする。 ● 苦手意識のある子には、保育者がそばについて言葉を引き出し、少しでも言葉が出たらほめて自信をつける。

インタビューのように聞き手と話し手の役割を明確にしながら、人前で会話をします。
言葉の力やコミュニケーション力が育ちます。

 **準 備**

● マイク（おもちゃのマイク、ラップの芯などを利用してつくるなど）

基本の遊び

❶クラス全員で輪になって座り、音楽に合わせてマイクを右から左へまわしていく。

advice

はじめは一問一答から始めましょう。
質問の内容はあらかじめ決めておきましょう。

好きな食べ物はなんですか？

たまご焼きです！

❷音楽を止めたところでマイクを持っていた子がインタビューの聞き手となり、左隣の子どもに質問をする。

❸インタビュー形式の会話に慣れてきたら、自分の好きな質問をする、質問に対する答えに対してさらに質問をするなど、会話の幅を広げていく。

0歳児
1歳児
2歳児
3歳児
4歳児
5歳児

体幹　感覚統合　言語能力　非認知能力

双眼鏡

🐤 子どもの姿	● ごっこ遊びなどで友だちとイメージを共有しながら遊ぶ姿がある。
🎯 ねらい	● 視野をせばめてものをしっかり見ることで、目視する力が育つ。 ● ふだんと違う景色の見え方を経験し、想像力をふくらませるきっかけになる。 ● 友だちとイメージを共有する経験を通し、言葉の力が育つ。
🏠 環境・配慮	● 双眼鏡を作るところから始め、製作遊びとしても楽しめるようにする。 ● 双眼鏡をのぞいて見えた世界を言葉にして表現するように促す。 ● 双眼鏡をきっかけにして、探検ごっこ遊びなどに発展させるよう働きかける。

手作りの双眼鏡をのぞいて想像をふくらませたり、友だちとイメージを共有する活動です。

準 備　　●トイレットペーパーの芯など

基本の遊び

おうちが見えたよ！

そこには誰が住んでいるのかな？

絵本に出てきた魔女かもね！

❶一人ずつ双眼鏡を持ち、園内のあちこちをのぞいてみる。

❷「何が見えた？」などと問いかけ、子どもから出てきた言葉を広げてみんなで共有する。

advice

視野がせばまることで見るものに集中して見ることができるような活動を考える。

❸穴の一方にセロハンを貼り、色のついた世界を様々な言葉で表現してみることで、表現力を豊かなものにしていく。

葉っぱの裏に虫がいるよ！

よーく観察してごらん！

体幹　感覚統合　**言語能力**　**非認知能力**

3・4・5歳児
の遊び ❻

電話ごっこ

🐤 **子どもの姿**	● 生活の場面で自分の思いどおりにならないことを不満に感じる姿がある。 ● 遊びを選んだり、好きな係に手をあげることができずにいる。
🎯 **ねらい**	● 話の内容を自分で決めることで自己決定力が育つ。 ● いろいろな場面を想定して会話を進め、言葉の力が育つ。 ● 相手の話に対応して会話を進める中で、コミュニケーション力が育つ。
🏠 **環境・配慮**	● 自由遊びの時間にやりたい子どもだけでおこない、無理強いはしない。 ● 子ども同士での会話が難しい場合は、保育者と会話をしながら電話ごっこに慣れるようにする。

保育者と子ども、子ども同士などで電話を使って会話をします。

●電話機（おもちゃ、手作りするなど）

0歳児

1歳児

2歳児

3歳児

4歳児

5歳児

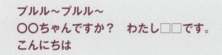

プルル〜プルル〜 〇〇ちゃんですか？　わたし□□です。 こんにちは

保育者

あ！　□□先生

子ども

いま、何しているの？

保育者

ごはんつくっているんだよ

子ども

すてきね。
先生、食べに行ってもいいかしら？

保育者

いいよ。くるときジュースを
買ってきてくれる？

子ども

❶保育者が電話をかけるまねをして、子どもが電話に出るのを待つ。

❷子どもが出たら、保育者とその子どもとで会話を進める。

❸しばらく話したら、「〇〇ちゃんに代わるね」などと言い、興味をもって見ていた子に電話機を渡す。

❹慣れてきたら、子ども同士で進めていく。

advice

保育者が話し相手をするときは、子どもの言葉に合わせてどんどん会話をふくらませていき、大人同士のような会話を楽しみましょう。
ここで大切なことは、自己決定権の保障を通して、自分で決める力を育むことにあります。

105

体幹　感覚統合　言語能力　非認知能力

重さ比べ

🐤 子どもの姿	● 大きい・小さい、重い・軽いなどの言葉とその意味が理解できている。 ● 子ども同士で背を比べ合うなど、客観的に比較することに興味が出てきている。
🎯 ねらい	● 重さを手で感じ取る感覚が育つ。 ● 見た目の大きさと重さには違いがあることに気づく。
🏠 環境・配慮	● 朝の会や帰りの会などに少しずつ進め、子ども全員が順番に体験できるようにする。 ● 重さをあてることより、物によって重さに違いがあることを実感することを大切に活動を進める。

いろいろな物を右手と左手に同時にのせて、感覚で重さを比べます。見た目の大きさと重さには違いがあることを実感します。

 準 備

- ●綿、本、スチロールのトレイ、木箱、金属製の箱など（手のひらにのせられる大きさ）

 **基本の遊び**

0歳児
1歳児
2歳児
3歳児
4歳児
5歳児

どっちが　重いかな？

❶クラス全員の前で保育者が前に立ち、いろいろな大きさ、重さのものを見せる。

❷2つを選び、「どっちが重いかな？」と問いかける。

こっちが重い！

❸子ども一人に前に出てきてもらい、手のひらに1つずつ乗せる。

❹「どちらが重い？」と聞き、子どもが答える。

❺いろいろな組み合わせで重さを比べる。

advice

同じくらいの厚さの本を1冊、2冊、3冊と増やしながら、重さの変化を感じていきましょう。

ゲームの得点で数遊び

🦆 **子どもの姿**	● 生活や遊びのなかで、どちらがどれだけ多いなど数を意識する姿がある。 ● 時計やカレンダーに興味を示すなど、数字に興味をもっている。 ● 数唱したり、簡単な足し算をしたりなど、数への興味・関心が高まっている。 ● 仲間意識が高まり、チームごとに競争を楽しんでいる。
🎯 **ねらい**	● 数を視覚的に見ることで、数の概念を理解していく。 ● 数を使った遊びを通して、数への興味・関心が高まる。
🏠 **環境・配慮**	● リレーやゲームなどの機会をとらえ、無理なく数への興味に結びつけていく。 ● 磁石を横に並べて、小学校の棒グラフの読み方にもつなげていく。

クラスの子どもを2つのチームに分け、リレーやゲームなど得点を競う活動をおこないます。どちらが何点取ったかを目で見てわかるようにし、数の概念の獲得につなげます。

準 備
- ●ホワイトボード
- ●色の磁石（点数表記用）

基本の遊び

❶クラスの子どもを赤組、青組の2チームに分けて、ゲームをする。

❷ホワイトボードを得点板とし、チームで得点が入るごとにそのチームの欄にその色の磁石を貼る。

❸ゲーム終了後、磁石の数をかぞえて勝ち負けを決める。負けたチームにはがんばった点を伝えることでフォローする。

advice

磁石の横に数字を書くようにすると、数の概念と数字が結びつけやすくなります。

0歳児

1歳児

2歳児

3歳児

4歳児

5歳児

発達を促す保育❶

第2府中保育園〈東京都府中市〉

5歳児が毎年おこなっている「高尾山遠足」での子どもの姿を紹介します。

子どもの意欲を喚起する導入

遠足の導入として、例年作成している高尾山マップ（職員作成）を見せ、絵本「高尾山の木にあいにいく」を読みました。

そして、「みんなの力でこのマップを新しく作ろうね」と意欲を喚起しました。子どもたちは、マップや絵本に登場する様々なものに興味津々となりました。

子どもたちは職員作成のマップを見て、「天狗がいるの？」「天狗は上の神社にいるんだよ」「行ったことあるよ！」「タコ杉って何？」と様々な発言をします。また、絵本を読んだあとは、「怖そう」「早く行きたい」「目玉の木があるんだね」などの発言がありました。こうした導入によって、「知りたい」「おもしろそう」という気持ちが子どもたちからどんどんわき出てきました。

さらに、インターネットまで駆使して、マップにない情報を提供し、高尾山の植物一覧表なども作って「高尾山の自然」という冊子にまとめました。

その結果、「知りたい」「聞きたい」をきっかけとしながら、下の図のようなよい循環が生まれ、「子どもの意欲」がどんどん上昇していきました。同時に、子どもたちの発言も盛んになっていきました。

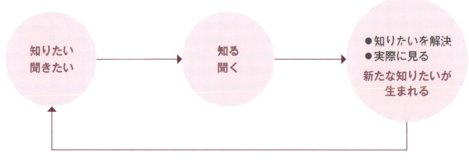

多くの気づきと自信につながる活動

　いよいよ「高尾山遠足」当日です。保育者が「途中にすごい階段あるんだよなぁ…。登れるかなぁ」「天狗が来たらどうしよう…」「山のてっぺんに行ったら、富士山とか保育園見えるのかなぁ」「先生、登れなかったらどうしよう」などと、子どもの興味・関心が高まるような言葉を工夫しました。

　そして、登山の最中には様々な発見をしました。「絵本で見た目玉の木だ。キャ〜！」「天狗の鉄下駄すごいなぁ」「珊瑚のような植物だな。高尾山って、昔、海だったの？」などと、様々なことに気がついていきました。

　帰ってから、いよいよオリジナルマップを作ります。楽しかったことや発見したことを出し合い、右のようなマップに仕上げていきました。

　「鳶、かっこよかった！」「こ〜んなおっきいムカデいたよね。すごいよね」などと、その絵に合わせた言葉を言いながら、仕上げていったのです。

子どもたちが作成したオリジナルマップ

考察

　こうした活動の中で「言語能力」が高まっただけでなく、「我慢して山を最後まで登り切る力」や「意欲をもって物事にあたっていく力」など、「非認知能力」と言われるものも育っていったのです。

　このように前からあった活動や行事であっても、言葉かけや働きかけによって、子どもたちの「非認知能力」を育てていくことができます。こうしたことも念頭に置いて、保育活動を見直してみてもらいたいと思います。

発達を促す保育❷

上板橋保育園〈東京都板橋区〉

0歳児クラスで「あめふりくまのこ」の歌とペープサートを楽しんでいることから、保育室に「あめふりくまのこ」の世界をつくりました。そこで見られた0歳児の姿を紹介します。

歌の力で喃語を引き出す

4月から「あめふりくまのこ」の歌とペープサートを楽しんできた0歳児。6月には保育者がペープサートを見せて歌をうたい始めると、泣いていた子どもも泣き止み、じっと聞いている姿が見られるようになりました。

歌の力は子どもたちにとってとても魅力的であることを感じ、「あめふりくまのこ」の歌やペープサートを使って、子どもたちの喃語を引き出していくことにしました。

保育室の中で子どもたちが自由遊びをしているところで、歌をうたい始めてみました。保育者がペープサートの準備をしているところをじっと見て、「何かが始まる」と期待している様子の子どもがいます。

歌が聞こえ始めると、最初のうちは保育者のほうを見ていなかった子どもが手を叩いたり身体をゆすり始めました。ある子どもは手をぶんぶんとふって、「ええぇぇぇぇ～」と喃語を発しながら楽しんでいました。別の子どもは「あぁあー！」と自分の身体を支えているクッションを手でたたきながら、元気な声を出してじっと見ていました。保育者のひざの上に座りながら足をバタバタさせている子ども、最初見ていた位置から保育者のほうへ近づいていく子どももいました。

保育室に「あめふりくまのこ」の世界をつくる

　その後も子どもたちの「あめふりくまのこ」に対する興味は続いていたので、8月、保育室の中に「あめふりくまのこ」の世界をつくりました。山や川などの風景を描いたパネルと、ふつうのくま、帽子をかぶったくま、傘をさしているくま、太陽などのパーツを用意し、パネル上のポケットに入れたり出したりを楽しめるようにしました。

　子どもたちはくまや太陽をポケットから取り出して手に持ったり、保育者に見せたりしながら楽しそうに遊んでいました。その後、サングラスをかけたくま、洋服を着ているくま、雲や雨などパーツの種類を増やしました。

　ある子どもがポケットのなかから帽子をかぶっているくまを抜き取り、「らりらりら～」と保育者のほうへ来てくまを見せました。「お帽子かぶってるくまさんだねぇ。○○くんもお帽子かぶってお散歩行ったねぇ」と話すと、手で自分の頭をぽんぽんとたたき、「あははー！」と言い、大きな声で笑いました。

考察

　子どもが空想の世界に入るためには媒体が必要です。子どもの喃語が出るのは、空想の世界に入り込んでその変化や不思議を感じたときです。

　また、「あめふりくまのこ」のペープサートと天気をつなげていくことで、自然現象の変化に気づくことができる子どもになっていきます。徐々に子どもの世界を広げていくことが大切です。

発達段階表の実例

1. 「幼児期の終わりまでに育ってほしい姿」に つなぐ

上板橋保育園（東京都板橋区）

〈言葉〉

年齢	保育内容や子どもへの働きかけ	子どもの育ち
5歳児	●伝言ゲーム ●発表が苦手な子は個別に練習をする ●日々の活動掲示板にクイズを書く （家庭での会話のきっかけづくり） ●言葉探し（文字探し） ●紙芝居作り。異年齢児の前で発表してみる	●ルールがわかる、言葉で伝え合う、調整力を獲得する ⇒ソーシャルスキルを伸ばす ●発表できたという成功体験が自信につながる ⇒自己肯定感が高まる ●会話の中で圧倒的に語彙力が増える。⇒言語能力を育てる ●生活の中で言葉や文字を意識する ●自分とは異なる考えがあることに気がつく ⇒情動の教育につながる。＝非認知能力がつく ◎言葉が増える。→自己決定が多くなる ⇒主体的、協働的な学び（アクティブ・ラーニング）につながる
4歳児	●ぼこ、ぺこ、どーん ●ます目遊び（上下左右の理解を深める活動） ●生活発表をする	●似ている音の破裂音を聞き分ける力をつける ⇒言語感覚を育て、集中力、聞く力を養う。言葉と行動をつなげることで言語に意味を持たせることができる ●右上、左下の8方向を理解する。→就学時の学習がスムーズになる ●休みの日のできごとをみんなの前に出て話す ⇒相手にわかるように話す。友だちの話を聞く力を育てる
3歳児	●サン　ハイ ●くいしんぼうゴリラ ●リズム遊び ●お店屋さんごっこ	●相手の話を聞く力、姿勢を養う ●相手の話を聞く集中力がつく ●音を聞き分けて、動きがわかる。友だち同士で一緒に共同の表現をする ●活動内容をみんなで考えながら決めていく経験をする ⇒コミュニケーション能力、非認知能力が育つ
2歳児	●歌詞を全部覚え、子どもたちだけでもうたう、異年齢児の前でうたう（あめふりくまのこ） ●『おばけごっこ』 ●絵本の世界から日々の活動へのしかけ（見立て遊びの中での保育士の声かけをする）	●言葉を知り、歌詞がわかり自信を持って歌う。言葉のイメージを体で表現する ●子どもの興味のあるものから日々しかけをしていくなかでごっこ遊びに発展させていく→語彙が増えていく ●「おばけだぞー」と見立て遊びをし、ふざけ合う ⇒保育士の声かけによって子どものイマジネーションがどの方向にいくか決まる 興奮と抑制を繰り返しバランスのよい、大人型の脳に変わっていく
1歳児	●片言でも自分の言葉でうたってみる。「もっかい」と言葉で伝える（あめふりくまのこ） ●子どもが安心して自己主張をする。「イヤ」「いやない」など →子どもの状況に合わせて言葉かけを配慮する（会話のペースや声のトーンをゆっくりとしていくなど） ●絵カードを用いて、生活に見通しをもてるようにしていく	●言葉を知り、言葉と実際の現象をつなげる（歌に出てくる気候と実際の天候など） ●安定した愛着関係（グループ保育）のなかで自分の思いを出す。選択肢を与える ⇒生活リズムの大切さや睡眠負債について伝える（最新の情報を集める）ことで、情緒も安定してくる。子どもが満足して行動していく ⇒社会性が芽生える。対大人から友だちへと広がっていく ●インクルーシブ教育・オーダーメイド保育 ⇒意欲、自信につながる
0歳児	（あめふりくまのこ）ペープリート ●歌を聞いたり、体を揺らしてリズムにのることを楽しむ子どもたちの気持ちを受け止めながら、喃語や発語を促す ●あめふりくまのこの世界を部屋につくる。雲（大、中、小）、おひさま（赤、黄、オレンジ）で天候の違いに自分で気づき、選べるようにする ●いろいろな種類のくまを用意する ●くまの着せ替えを用意する	●歌や絵を媒体に空想の世界に入る ⇒空想の世界の変化や不思議さを感じたときに喃語がでる。ものごとにつながりがあることがわかり概念がつくられる ●子どもが自分で判断していくと気持ちが高まる ⇒非認知能力が養われ、生活能力も高くなっていく ●自分のしたいようにする体験をする ⇒意欲の向上につながる ◎ものごとの関連性がわかると言葉が出てくる

板橋区立上板橋保育園では、「幼児期の終わりまでに育ってほしい姿」につなげる取り組みとして、とくに「言葉」と「体幹」を育てることを目的とした保育実践をおこないました。その活動内容および子どもへの働きかけと、その結果、どのような子どもの育ちにつながったかを表にしています。

〈体幹〉

年齢	保育内容や子どもへの働きかけ	子どもの育ち
5歳児	〈ケンケン〉 ●廊下に目印をつくり、生活の中でもケンケンができるようにする。バンブー跳びを運動会で取り入れる ●4拍子のリズムに合わせてケンケンをする ●スキップ ●日々の体幹運動（ブラブラ体操、テーブル姿勢、滑り台姿勢等）＋バランスボールの活用 ●バランスボール（26センチ）⇒基本のポーズ：しっかりと乗り、両足を開く（シコの形）バランスが取れない場合はボールに手を添えてよい	●リズム感ができてくる ⇒感覚統合が養われていく ●リズム感＝調整力、リズム感を育てる ⇒他者との協応性を育てる ●廊下でのケンケンの継続 ⇒スキップの獲得につながる ⇒体幹の強化 ●不安定なボールの上で身体のバランスを取る ⇒椅子に座るときの姿勢を保つための体幹を養う
4歳児	〈バランスボール〉 ●足をのばして座り両手を広げる ●うつ伏せでボールにのり、スーパーマンの姿勢を保つ ●バランボールのおへそに乗ることが大事。顔も上げていくように意識していく	●バランスボールで体幹を育てる ⇒椅子に座れる→落ち着く→学習に耐えることができるようになっていく→将来、健康で文化的な、豊かな子どもたちに育っていく
3歳児	〈ケンケン：いろいろな動きを統合させた動き（運動分析学）〉 ●手を振り、いきおいをつけて進む ●距離の目印として果物のマークを貼る ●設定（忍者ごっこなど）のなかで抜き足差し足（片足を使って重心移動）	●要素を分析してステップをていねいに知らせていくことでできるようになっていく ●両手を広げたままのケンケンは難しい ●達成感を持つことができる ●片足一本に体が乗っているという意識を養い、バランス感覚をつかむ
2歳児	〈片足立ち〉 ●膝を伸ばし足の裏が床に平行になるよう足を上げる ●日々のリズム遊びの中で育てていく 〈一本橋〉 ●周辺視を意識して、目標物を置いておこなう ●新聞紙やタオルを足の指で手繰り寄せる遊びを取り入れる	●片足で立とうとすることにより体の軸を感じるようになる ●体の使い方がわかってくる ●下を見ながら歩く→片足ずつ交互に足が運べる→一本橋を見ずに前を見て歩けるようになる ●地面をしっかり足の指で捉えることができるようになる
1歳児	●生活（階段の上り下り等）や遊び（滑り台や斜面登り、探索活動等）をとおして全身を動かす ⇒成長の瞬間を見逃さないよう捉え、援助していく ●フープを使ったフープ跳び ⇒目標をつくり、運動と視覚で援助をする。言葉ではなく、補助の仕方を勉強し、実践していく ●継続してリズム遊びをする ●かえる跳び（両足跳び）	●子どもは遊びながら成長をしていく ⇒階段登り：つま先が下を向いた状態で持ち上げる→次の段で、つま先が上を向いて持ち上げる（成長の瞬間） ●子どもの家庭事情等も考慮してその子にあった援助で育ちを支える（視覚認識が弱いといった話からフープ跳びへ） ●継続していく中で、この歌ではこの動きということがわかり全身を動かす ●両足で跳ぶ、身体でバランスをとって跳ぶ、感覚を育てる
0歳児	●ベランダに出て探索活動（つかまり立ち、ハイハイ、指先でいろいろな所を触ってみる等） ●0歳児室の環境として音の出るものを用意する（子どもにとって叩く行為は欲求不満を表している） ●段ボールで好きなように遊びこむ（上にのぼる、箱の中に入る、座るなど） ●手先・指先を使った遊びをする ●中が見える容器に絵カードをひもでつなげ引っ張る遊びをする（ひもの色を変える、自分のねらっているカードを取れるなど、関連づけるしかけをつくる） ●しかけ、環境の工夫（ひもの色を変える、段ボールを設定する等）	●ハイハイ運動や探索活動のなかで全身の感覚を知っていく。手首の使い方には個人差がある ●叩く行為：子どもの欲求不満を解消 ⇒子ども同士のかかわりを広げ、他者認識につなげていく ●子どもの興味に合わせて設定をする。箱の出入りでバランスが鍛えられる。好きな段ボールを選び満足して遊ぶ ●精密把握と握力把握を促す。インプット・アウトプット ⇒能動的な子どもになる。非認知能力が育つ。個々の発達段階がわかる ●感触の違いに気づき、喃語を発する ●しかけをつくることで探知する力、関連づけて考える力の基礎を養う ◎指先の巧緻性が高まる。⇒脳の発達が促される

2. 「甘えと自立」「個と集団」「感覚統合」「その他（言葉）」の4つのキーワードでとらえる

さかうえ保育園（東京都板橋区）

さかうえ保育園では、小学校に入るまでの発達段階の目安として、自園の子どもたちの実態および保育実践のなかで確かであると考えたものから以下のような発達段階表を作成しました。表作成後、園内で話し合いをおこないました。話し合いの結果も合わせて紹介します。

	甘えと自立	個と集団	感覚統合	その他（言葉）
6・7歳	●甘えを出すことに恥ずかしさを感じながらも、気持ちを表現する ●甘えるきっかけがあることで甘えを出すことができる	●友だちと一緒に共通のテーマで話し合える ●虫の世話を通して、協力することを知り、また虫への理解を深めるようになる	●持ったときの重さの違いに気づき、自分にとっての重さや友だちにとっての重さを感じることができる	●保育者の働きかけから、死について少し感じることができる ●1つの言葉の意味を理解し、それについて考えるようになる ●話を聞いて自分なりのイメージでロボットを考える
5歳	●他児の状態を見ながら、自分の甘えを表現しようとする ●恥ずかしさを感じながら自分の気持ちを表現しようとする	●他児とのやりとりで少し我慢したり、折り合いをつけようとする ●他児に認められることで、次も作ろうという気持ちをもつ ●少し難しいルールのある遊びを楽しむことができる	●タテヨコナナメの空間を認識し、友だちとルールのある遊びを楽しむ ●片足ジャンプから静止できる ●言われていることを理解し、保育者のマネをしながらその通り動く ●経験したことを絵で表現する	●仮想空間の中で楽しみながら、それにふさわしい言葉を使うことができる ●それぞれのイメージを言葉で表現し、友だちと伝え合い、楽しむことができる
4歳	●くすぐりが楽しいと感じ、どうやったら楽しめるかを少し考えるようになる	●友だちとイメージを共有して、目的をもって、遊ぶようになる ●友だちとイメージを膨らませながら、遊びを楽しもうとする	●姿勢や片足立ちなどの正しい動きを教えられるとできる ●虫への興味をもち、捕まえたり、触ったり、世話をしようとする	●自分の経験を言葉で伝え、絵に描こうとする ●言葉のとらえ方の違いに少しずつ気づくようになる ●共有体験をもとに、言葉を使って遊ぶことができる
3歳	●人の痛みがわかるようになる ●トイレの排尿に自信をもつようになる ●おんぶで泣きやみ、気持ちを切り替えられるようになる	●友だちの感覚と自分のイメージを共有するようになる ●友だちとイメージを共有し遊ぶようになる ●ごっこあそびで、役割を理解し、交代で遊ぼうとする ●場所に応じて静かに歩けるようになる	●ブランコに乗ってこごうとする。もしくはこげる ●アスレチックで遊ぶことを楽しむようになる	●簡単な比喩表現ができるようになる ●空想の世界のなかで言葉のやりとりで遊ぶようになる ●興味をもったことについて、保育者と一緒に調べようとする ●なりきってごっこ遊びを楽しむようになる
2歳	●膝から降りて自分で着替えようとする ●苦手な食材に対して、抵抗しつつ、友だちに励まされることで少し食べてみようとする ●進級児は新担任に遠慮がちに甘える ●甘えをだしながらも、大人との関わりを深めていく	●言葉がつながっていくようになる ●友だちに見てもらい、がんばって食べる ●友だちと手をつなぐ ●友だちのことを応援するようになる	●色がわかるようになる ●前を向いて一本橋を渡れる ●一本橋を渡り、両足ジャンプでおりられる ●友だちの名前がわかるようになる ●感情がはっきりしてくる（「こわい」など）	●まわりの風景を見て、探しごっこをする ●家での出来事を話すようになる ●動きをつけながらうたう ●友だちとときどきタイミングを合わせうたう ●友だちと同じことがわかるようになる
1歳	●安心してひとり遊びができる ●保育者とのかかわりのなかでやってみようとする気持ちをもつ ●保育者との関係を遊びを通してもつことができるようになる ●こちょこちょと何度もくすぐると予測することができる	●人に言葉や動作で物を借りることができる ●遊具を介して友だちとかかわるようになる	●足を踏ん張って物を手で引っ張ったり、バランスをとる ●ハイハイで保育者に追いかけられることを楽しむ ●「いないいないばー」を楽しむことができる ●動きや歌に合わせて、遊ぶことができる ●ボールを転がしたり止めたりすることができる	●よいこと、いけないことが少しわかるようになる ●普段から慣れている保育者の表情から言われていることがわかるようになる ●予測や予想を楽しむことができる ●「まてまて」と言われうれしそうにはって逃げる

発達段階表についての話し合いの結果です。

甘えと自立

- どの年齢であっても甘えを出し、それを受け止めてもらうことが必要である。
- 甘えの出し方にはいろいろあり、小さいうちにストレートに出せていたものが、大きくなるにつれて甘えを出しにくい環境になったり、恥ずかしいという感情が生まれたり意識が複雑になったりで、甘えを出すことが難しくなる。
- しっかりさせたいという大人側の思いがあると、うまく甘えられなくなってしまう。乳児期に無条件にたっぷり「かわいい」と言ってもらえること、愛情を注いでもらうことが必要である。
- 保護者も甘えの受け止め方について悩んでいるので、甘えは受け止めながら切り返していくことを伝えていったほうがよい。
- 5歳児クラスであっても甘えたい気持ちがあり、それを受け止めることも大切である。
- 保護者に甘えさせてもよいと伝え、そのきっかけを示したことで「甘えさせていいんだ」と感じてもらえた。
- 保護者支援をすることで子どもの甘えが満たされ、自立に向かうのではないか。

個と集団

- 乳児期に少人数のグループ別保育のなかで「やってみよう」という気持ちが生まれることで、それが基盤となり、幼児期に集団の中でルールを学んでいけるようになるのではないか。
- 乳児期に「自分が」という気持ちをたくさん出し、受け止めてもらうことで、幼児期に社会性を学ぶ力となるのではないか。
- ルールのある遊びは、知恵がついてくると自分に都合のよいルールにしたくなることもあるが、友だちとのやりとりのなかで「ズルがつまらない」と感じられるようになるのではないか。そういった経験をすることで、道徳心が育つのではないか。

感覚統合

- バランス感覚や感情、表現が育つ大切さが表からわかる。感覚統合が身についてないと、いつまでも人の痛みがわからず叩いたりしてしまう。また、バランス感覚がないことによって運動面でつまずいたりするのではないか。
- 座って話を聞くなどの姿勢保持は、小学校に向けてとくに必要なのではないか。
- 保育者として、年齢ごとに育ってほしい身体の使い方は何なのかを把握することが必要である。乳児期からの積み重ねが必要だとわかった。

その他（言葉）

- 「おばけ＝こわい」など保育者からの声かけや、実際に体験したことがイメージにつながっていくのではないか。
- どの年齢でも大人のかかわりが言葉につながるので、言葉かけの大切さを感じた。
- 共有体験をすることが楽しいと感じることで、言葉の広がりやイメージ力がつき、仲間意識も生まれるのではないか。
- 保育者と一対一のやりとりを十分したことによって、言葉を蓄積し、子ども同士のやりとりにつながっていくのではないか。

全体を通して

- 表全体から保育園の教育の重要性を感じた。
- 集団の大切さ、コミュニケーション力、挫折感などを適度に経験できる環境があることが必要だと感じた。
- 子どもたちを見ていると、年齢で区切れなくなっている。3歳だからこのくらい発達していて当然という考え方があるが、実態は年齢相応のことができない子もいれば、逆にそれ以上のことができる子もいる。

3. エピソードから見えたおよその発達段階表

緑が丘保育園では、自分たちのとったエピソード記録をもとに発達段階表を作成しました。

	感覚統合	コミュニケーション
5歳	●輪唱（かえるのうた、森のくまさん） ●缶けり（走りながらける、走ってきて缶を踏む） ●かけっこの「よーいドン」のタイミング合わせ ●縄跳び（片手回し、リボン回し／トレーニング効果）	●あいうえお遊び歌 ●くだものの列車の替え歌遊び ●お話づくり ●恐竜の世界 ●マイカレンダー ●お散歩隊長
4歳	●線歩き→一本橋渡り→半円一本橋渡り ●トランポリンタンバリンタッチ（上でたたく→下に置き着地時たたく） ●ギャロップ、スキップ ●玉投げ（手首のスナップを使い上投げをする） ●ケンケン遊び（ケンパ、交互ケンケンなど）	●イメージ魔法の世界に入り込む ●インタビューごっこ（マイクを持って友だちに質問をする） ●絵や自分たちが作った作品を持っての発表 ●親子をつなぐメッセージのやりとり ●子どものよいところ探し
3歳	●風船遊び→ボール遊び ●線歩き→縄歩き、緑石歩き、一本橋歩き ●トランポリン遊び ●忍び足歩き（足を上げてゆっくり歩く） ●飛び石歩き（足を交互に出す） ●マット遊び	●忍者ごっこ（忍法、忍者修業、巻物探し等） ●絵本から出てきた遊び（お絵描き、洗濯ごっこ、紙粘土でパンづくり等） ●親子でクイズ（忍者クイズ） ●親子でふしぎ発見（つる登り、忍者シール、吸い込まれる穴等）
2歳	●腹筋を使う遊び 　斜面上り下り、ジャングルジム、リズム遊び、すもうごっこ、トランポリン、四つ這い歩き、シャボン玉、紙を吹く、吹きゴマ ●手指を使う遊び 　指絵の具、粘土（ふわふわ、土、片栗粉）、水風船、金魚すくい、水鉄砲、フィンガーペインティング、紙ちぎり理、ちぎり絵、スタンプ、どんぐり拾い、落ち葉遊び）	●おおかみと子ぶたごっこ→探検散歩 ●しかけ散歩（おおかみ、子ぶた、姫、魔女） ●粘土での見立て遊び ●落ち葉のハッピーバースディー ●友だちとのけんかや言い合い ●友だち同士でのトントン遊び
1歳	●すべり台の階段登り（足がまっすぐに上がる） ●山ぶどうの洗濯物干し ●指絵の具でお絵かき、落ち葉貼り ●落ち葉のかんむりづくり ●クレヨンのなぐり描き、シール貼り ●はしごくぐり（ぶつからないようにくぐる） ●かけっこ、忍者になって歩く ●トランポリンでジャンプ（バランス） ●山ぶどうのお絵描き ●片栗粉、土粘土遊び、フィンガーペインティング ●せんたくごっこ（泡遊び） ●ぶどうスタンプ遊び	●おばけ探し ●双眼鏡を使っていろいろな発見や言葉のやりとり ●おでかけごっこ ●カエル発見（自然の生き物に触れる） ●しかけ散歩（青虫を探してみよう） ●手つなぎ散歩（高月齢児）
0歳	●シール遊び ●自分で皿を支え、スプーンですくって食べる ●手遊びで保育者の動きを目で追う。いっしょにまねする ●保育者の口の動きをまねてアムアムする ●センサリーバックの水やキラキラを見て興味を示す ●ロディやクッションにまたがり、バランスをとりゆらす ●ゆらし遊び。保育者の胸についているだるまや保育者の顔を見ながら揺られる（目視力）	●ふれあい遊び ●気の合う子同士でにっこり笑って見つめ合う ●午睡時、隣で寝ている子をちらりと見る ●気の合う子が使っている玩具に興味をもち、近づく（触る、取り合う、あげっこする、肩ポンポンする、タッチ） ●「あっあー」「ねっねー」とおしゃべりする ●気の合う子とにっこりと見つめ合い、いっしょに遊ぶ ●とってほしいと「あうあう」や"ちょうだいな"の仕草をする ●舌を出している子を見てまねる（舌を上下・左右に動かしてみる） ●いろいろな表情のだるまに反応

著者

増田修治（ますだ・しゅうじ）
白梅学園大学子ども学部子ども学科教授

埼玉大学教育学部卒。28年間小学校教諭として勤務。「ユーモア詩」を用いた教育を実践。2008年より現職。小学校教諭を目指す学生の指導と並行して、東京都板橋区の保育園と9年間共同で、感覚統合や体幹と子どもの発達の関係性について研究。専門は「臨床教育学、教師教育論、教育実践論、学級経営論」。著書は「笑って伸ばす子どもの力」（主婦の友社）「小1プロブレム対策のための活動ハンドブック　増田メソッド」（日本標準）ほか多数。

協力
● 板橋区子ども家庭部保育サービス課
● 板橋区公立保育園
（大谷口保育園・小桜保育園・赤塚保育園・高島平けやき保育園・みなみ保育園・紅梅保育園・さかうえ保育園・緑が丘保育園・上板橋保育園）
● 社会福祉法人たけの子福祉会　第2府中保育園

保育わかばBOOKS

遊びにつなぐ！
場面から読み取る子どもの発達

2018年6月15日　発行

監　修　社会福祉法人 日本保育協会
著　者　増田修治
発行者　荘村明彦
発行所　中央法規出版株式会社
　　　　〒110-0016　東京都台東区台東 3-29-1　中央法規ビル
　　　　営　業　Tel 03 (3834) 5817　Fax 03 (3837) 8037
　　　　書店窓口　Tel 03 (3834) 5815　Fax 03 (3837) 8035
　　　　編　集　Tel 03 (3834) 5812　Fax 03 (3837) 8032
　　　　https://www.chuohoki.co.jp/

編集　　　　　　株式会社こんぺいとぷらねっと
印刷所　　　　　株式会社ルナテック
装幀・本文デザイン　SPAIS（山口真里　熊谷昭典）
イラスト　　　　すみもとななみ　種田瑞子

定価はカバーに表示してあります。
ISBN978-4-8058-5702-1

本書のコピー、スキャン、デジタル化等の無断複製は、著作権上での例外を除き禁じられています。また、本書を代行業者等の第三者に依頼してコピー、スキャン、デジタル化することは、たとえ個人や家庭内での利用であっても著作権法違反です。

落丁本・乱丁本はお取替えいたします。